中小学生心灵自助丛书

顾明远
著名教育家、中国教育学会名誉会长 | 作序推荐

扫描封底二维码 附音频
扫码音频版

第四版

心灵处方

中小学生常见心理困扰之绿色通道

（音乐疗愈版）

高永金 张 瑜／著

科学出版社
北 京
SMPH
上海音乐出版社

内 容 简 介

学生心理健康问题日益引起社会各界的广泛关注。“中小学生心灵自助丛书”旨在为同学们提供心理健康知识，使其了解自我，学会自我控制，提高自我调节能力。

本书素材源自作者多年来亲历的近 3000 个心理咨询案例，分为人际交往、学海泛舟、青春滋味、喜怒哀乐、性情品格、应试技巧六大主题，按照“心灵密语 + 心灵解码 + 心灵处方”的写作模式，针对同学们常见的心理困扰进行剖析。其中，“心灵密语”是发生在同龄人身上的鲜活案例，“心灵解码”从理论上对该案例及同类问题进行剖析，“心灵处方”从实践上对处理该案例及同类问题提出极具操作性的建议。同时，本书还配有实用的“趣味心理测试”及舒缓的音乐，帮助同学们进行自我判断及释放压力、找回自我。

本书可以帮助同学们掌握实用的心理技巧，找到走出心理困境的途径，从而达到“助人自助”的目的，非常适合中小学生及家长阅读，也可为中小学一线教师的工作提供参考。

图书在版编目（CIP）数据

心灵处方：中小学生常见心理困扰之绿色通道：音乐疗愈版 / 高永金，张瑜著. -- 4版. -- 北京：科学出版社；上海：上海音乐出版社，2025. 1. -- (中小学生心灵自助丛书). -- ISBN 978-7-03-080165-4

Ⅰ. G444

中国国家版本馆CIP数据核字第2024XG0795号

责任编辑：石 卉 付 艳 侯俊琳 / 音像编辑：吕 晴
责任校对：何艳萍 / 责任印制：师艳茹 / 封面设计：有道文化

科学出版社 出版

北京东黄城根北街 16 号
邮政编码：100717
http: //www.sciencep.com

天津市新科印刷有限公司印刷
科学出版社发行 各地新华书店经销

*

2007年4月第 一 版 开本：720 × 1000 1/16
2012年6月第 二 版 印张：14 1/2
2020年6月第 三 版 字数：224 000
2025年1月第 四 版 2025年1月第一次印刷

定价：58.00元

·丛书序·

顾明远
著名教育家
中国教育学会名誉会长
北京师范大学资深教授

当前，学生心理健康问题已被大家所关注。造成同学们心理障碍的原因很多，有的来自家庭，也有的来自社会。家庭方面，如有些孩子由于备受家庭的宠爱，容易以自我为中心，遇到一些不顺心的事常会郁闷、苦恼；再如，一些留守儿童由于缺乏父母的关爱也容易形成内心封闭的性格。来自社会的原因也是多方面的，如因为现实与理想不符，使有的同学想不通，产生心理障碍；网络等媒体的负面报道也常对同学们的思想、情绪造成影响；学习的竞争更是让有的同学处在重重压力之下，使其心情不舒畅，感到不安宁，终日处于紧张之中。

我曾经看到过一篇报道，说一名女生考了 100 分，但回家后大哭一场。妈妈问她，考了满分为什么还要哭？她说，某某同学也考了 100 分。这种嫉妒心，就是一种心理障碍。还有，某生原来在初中时总是名列前茅，并担任班干部，但考上重点高中以后发现许多同学比他还强，也没能当上班干部，心里有失落感，由自信变得自卑，这也是一种心理障碍。同学们处在身心发育的关键时期，会遇到许多矛盾，特别是在青春期，会产生许多困惑。这些矛盾和困惑如果化解了，同学们就能健康成长；如果不能化解，他们可能就会积集成疾。因此，对同学们的教育不能只关心他们的学习成绩，更应关心他们的心理健康、人格的养成。教师要关心，家长更要关心。同时，同学们也应该有自我控制情绪、调节心理的能力。家长的关心、老师的帮助，也要通过同学们的自我调节才能起作用。因此，帮助同学们了解自我、调节自我更重要。

“中小学生心灵自助丛书”就是为同学们提供心理健康知识，使其了解自我，学会自我控制，提高自我调节能力的一套好书。此书已经试用多年，受到同学们，乃至教师、家长的欢迎。现在即将再版，作者希望我写几句。我觉得实在很需要这样的书，所以写了几句。是为序。

·前　言·

亲爱的同学们，摆在你面前的这本心理健康读本，是“中小学生心灵自助丛书”的第三本，也是一本专为你们写的书。为了便于让大家在轻松、愉快的阅读中消化和吸收其中的心理健康知识，我们力图在语言风格上做到通俗易懂，同时还针对这本书的内容设计了一些可爱、有趣的漫画，希望能更符合你们的阅读口味。

我们通过心理咨询室的现场咨询、电话咨询、QQ 在线咨询、电子邮件咨询和信件咨询等方式接待了全国各地的学生朋友几千人次。同学们的困惑主要集中在以下几个方面（按接待案例数由多到少排序）：学习问题（主要包括学习压力大、考试没考好、上课分心、对学习没有兴趣、没掌握好的学习方法等）；人际交往问题（主要包括与同学、父母和老师的关系问题等）；情感问题（主要包括失恋、暗恋和师生恋等）；考试问题（主要包括考前、考中和考后的困惑等）；等等。为了帮助更多的学生朋友解除成长中类似的困惑，本书从中筛选出 26 个具有代表性的案例结集成书，并结合同学们普遍存在的一些心理困扰加以剖析。全书按主题分为六章，分别是人际交往、学海泛舟、青春滋味、喜怒哀乐、性情品格和应试技巧。本书的写作模式统一为“心灵密语 + 心灵解码 + 心灵处方”。其中，“心灵密语”是发生在同龄人身上的鲜活案例，“心灵解码”从理论上对该案例及同类问题进行剖析，“心灵处方”从实践上对处理该案例及同类问题提出极具操作性的建议。本书特别为每章配备了两首舒缓的音乐，扫描封底二维码即可轻松聆听。在阅读本书或进行心理咨询的过程中，这些旋律将为你烘托出一种放松的氛围。我们希望通过这种方式，辅助你释放压力、找回自我，从而达到音乐疗愈的效果。

菁菁校园，莘莘学子，是有一些困惑，还是有一些危机？这本书愿长时间与你做伴，在清朗的月光下，在静谧的草坪上，在淙淙的小溪边，在漫漫的路途中，和你一起探讨很多很多成长中的小秘密。

从事青少年心理健康教育工作20多年来，我们已经陆续在《中国教育报》《现代教育报》《中国特殊教育》《心理学探新》《中国心理卫生杂志》《中国学校卫生》《中国教师》《心理与健康》《大众心理学》《中小学心理健康教育》《中小学心理健康导航》《青少年心理健康》《教育探索》《青春期健康》《高中生》《高中生之友》《素质教育》《广西教育》《中学文科》《中学生数理化》《中学生理科应试》等20多家报纸杂志上发表过80多篇文章，这些文章引起了很多同学的共鸣。我们从几百位同学的来信和来电中获得了许多鼓励与支持，而这也正是支撑我们继续在青少年心理健康教育道路上进行探索和研究的最大动力！因此，无论你是否喜欢这本书，我们都真诚期待你的来信（kingking1971@163.com），我们也很乐意接受大家的批评与指正。因为我们明白，同学们是最有发言权的。

路漫漫其修远兮，吾将上下而求索。

高永金　张　瑜

2024年11月

目录

第一章

人际交往

♪ 启航

♪ 憧憬

一、怎样与同学友好相处

心灵密语

高一某班的肖忠海[①]来到咨询室，跟我聊起了他现在的苦恼。刚到学校时，他和同学相处很融洽，老师和同学也都很喜欢他，加之他中考的成绩在班里名列前茅，所以班委竞选时大家都选他当学习委员。但好景不长，同学慢慢就不愿和他交往了，他开始变得很孤独。原来一个月前，他去书城买了一套教辅资料。同学发现后想借来看看，但他不太愿意，以“我马上要看”或“放在宿舍了”等为借口，没有借给同学。结果这些同学觉得他很小气，不愿意再和他交往了。而且，这个消息在全班你传我、我传你，导致大家都不理他了。为此，他很苦恼，想寻求帮助。

① 本书中的人名均为化名。

心灵解码

困扰类别：人际困惑

关键词：同学矛盾

同学关系也是一种人际关系。人际关系是我们生活中的重要组成部分，搞不好人际关系，会对学习、生活及心理健康产生不良的影响。现实生活中，同学间由于性格、禀赋、生活背景等不同而产生隔阂是正常的，也是可以理解的。但若在学习或生活中和所有的人都合不来，那就不正常了，需要进行自我调整。

很明显，由于肖忠海没有将自己的教辅资料借给同学，让同学对他产生了偏见，因此受到了同学的冷落。其实，同学关系是不可选择的偶然组合。不同的人对同学关系有不同的理解和认识。有人说，同学关系是一种竞争关系，它让人有紧迫感、催人进步，也让人时刻面临着胜出的喜悦或淘汰的残酷。也有人说，同学关系是如水的君子之交，是亲密的兄弟姐妹关系。不管怎样，良好的同学关系，不仅有利于生活、学习，而且有利于身心健康。但由于一些主客观原因，同学间难免会出现摩擦、矛盾和冲突，造成关系紧张和不愉快。那么，该如何处理好同学间的关系呢？

他好小气~~

心灵处方

建议 1：学会宽容理解

同学间能否友好相处，在很大程度上取决于相容程度。当同学间出现矛盾时，虽然矛盾的双方都有责任，但要相信对方一般不会是出于恶意的攻击，所以要能理解、容忍对方的一时之举。“将军额头跑得马，宰相肚里能撑船”“退一步海阔天空”等讲的都是这个道理。例如，对同学偶尔的评头论足，不要过分在意、耿耿于怀。因为这可能只是他一时失口，并无恶意，也不想与你结怨。所以，如果你能以一种高姿态去看待问题，矛盾就更容易化解。

建议 2：学会关心别人

人在困境中最需要朋友的关心与帮助。要细心观察别的同学有哪些忧虑、哪些同学有困难和有哪些困难，看看自己能否帮助他们。例如，同学学习跟不上，帮助补课；同学生病了，和大家一起去看望，送去祝福；同学生活上有难处，主动与老师、同学商量，群策群力一起帮助解决；等等。

建议 3：学会赞美别人

适时赞美别人，不代表贬低自己。会赞美别人，说明你善于发现对方的优点，你在赞美别人的同时也会得到对方对你的赏识。赞美别人要是发自内心、真情实意的表露，不要无原则的恭维，更不能讽刺、挖苦对方。赞美别人不太难，因为每个人多少总有一些值得赞美的地方。在与同学的交往中，如果我们能仔细观察，多注意别人，并且对别人的优点不嫉妒、不采取“不承认主义”，通常可以发现别人有很多方面是值得赞美的。

建议 4：学会相互尊重

同学间，性格、习性不可能完全相同。例如，有人喜早起，有人爱晚睡；有人喜安静，有人爱喧闹。在这种情况下，一方面，要严格要求自己，事事注意，处处克制，尽量不要影响别人；另一方面，要关心别人，谅解别人，给人以方便，不强求别人与自己的生活方式一致。倘能如此，就可以减少许多不必要的纠纷。

建议 5：学会接受别人

当然，遇到喜欢的人，你会很容易接受。但遇到不喜欢的人，你也要试着与他和平相处，试着包容他。其实，人不可能十全十美，每个人都有自己的闪光点和缺点。所以，只要学会接受和包容同学，你就会发现，与人相处并不难。

建议 6：学会真心待人

在与同学的交往中要以诚相待。在平时的学习、活动、休闲中，多与同学交流，多了解、帮助别人，让同学在一点一滴中体会到你的真诚。久而久之，同学就会乐意把悄悄话说给你听，成为你的知心朋友。如果你是班干部就更要多听取同学的意见和建议，不断改正不足和改善工作方法，努力做好班级工作，这样你就会更受大家的欢迎。

建议 7：主动帮助别人

对待同学要热情，无论大事小事，只要是集体的事、同学的事，就该积极去做。同学学习有困难，你主动去帮助他，他一定很感激；你有热门的好书，主动拿出来和同学分享，也一定会让同学高兴；同学托你办事，即使你一时办不成，如能主动解释为什么帮不了忙，也会增加他对你的好感。总之，经常帮助别人能使别人懂得你的存在对他的价值，作为投桃报李的结果，必然是“爱人者，人恒爱之”。换言之，要想使同学喜欢你，必须记住助人为乐是处世之道。

建议 8：不要卖弄自己

在同学面前切勿夸夸其谈，卖弄自己懂得多。因为你自认为最得意的时候，往往就是别人最讨厌你的时候。没有人愿意与过于倨傲、目中无人，开口便是“我如何如何”，只顾自吹自擂的人交谈。社会心理学家指出，人一般都不喜欢嘴上老挂着“我”字的人。

总之，正确处理好同学之间的关系是一门艺术，既不能简单粗暴，也不能委曲求全，既要体谅别人，又要维持自尊。希望同学们能运用以上处方，从容地进行人际交往，结识更多的良师益友，携手共创美好的明天。

趣味心理测试

人际关系测试①

指导语：每个同学都希望有较好的人际关系，你的人际关系怎么样？请你根据自己的实际情况选择“是”或“否”。

1. 你平时是否关心自己的人缘？　是○　否○
2. 在食堂里你一般都是独自吃饭吗？　是○　否○
3. 和一大群同学在一起时，你是否会产生孤独感或失落感？　是○　否○
4. 你是否时常不经同意就使用其他同学的东西？　是○　否○
5. 当一件事没做好时，你是否会埋怨合作者？　是○　否○
6. 当你的同学有困难时，你是否时常发现他们不打算来求助于你？　是○　否○
7. 假如同学跟你开玩笑过了头，你会不会板起面孔，甚至反目？　是○　否○
8. 在公共场合，你有把鞋子脱掉的习惯吗？　是○　否○
9. 你认为在任何场合下都应该不隐瞒自己的观点吗？　是○　否○

① 本书中的趣味心理测试结果仅供参考，不作为诊断标准。

10. 当你的同学或朋友取得进步或成功时，你是否真的为他们高兴？ 是○　否○

11. 你喜欢拿同学开玩笑吗？ 是○　否○

12. 和自己兴趣爱好不同的同学在一起相处时，你也不会感到兴味索然、无话可说吗？ 是○　否○

13. 当你住在楼上时，你会往楼下倒水或丢垃圾吗？ 是○　否○

14. 你经常指出其他同学的不足，要求他们去改进吗？ 是○　否○

15. 当其他同学在融洽地交谈时，你会贸然打断他们吗？ 是○　否○

16. 你是否关心和常常谈论其他同学的私事？ 是○　否○

17. 你善于和老年人谈他们关心的问题吗？ 是○　否○

18. 你讲话时常出现一些不文明的口头语吗？ 是○　否○

19. 你是否时常会做出一些言而无信的事？ 是○　否○

20. 当有同学与你交谈或对你讲解一些事情时，你是否时常觉得很难聚精会神地听下去？ 是○　否○

21. 当你处于一个新的班级中时，你觉得与新同学交往是一件容易的事吗？ 是○　否○

22. 你是一个愿意慷慨招待同伴的人吗？ 是○　否○

23. 你会向同学吐露自己的抱负、遇到的挫折以及个人的种种事情吗？ 是○　否○

24. 告诉别人一件事情时，你是否试着把事情的细节都交代得很清楚？ 是○　否○

25. 遇到不顺心的事，你会精神沮丧、意志消沉，或把气出在家人、朋友和同学的身上吗？ 是○　否○

26. 你是否经常不经思索就随便发表意见？　是○　否○

27. 你是否注意赴约前不吃大葱、大蒜？　是○　否○

28. 你是否经常发牢骚？　是○　否○

29. 在公共场合，你会很随便地叫同学的绰号吗？　是○　否○

30. 你关心报纸、电视等信息渠道中的社会新闻吗？　是○　否○

31. 当你发觉自己无意中做错了事或损害了同学的利益时，你是否会很快承认错误或道歉？　是○　否○

32. 闲暇时，你是否喜欢跟同学聊天？　是○　否○

33. 跟同学约会时，是否常让同学等你？　是○　否○

34. 你是否有时会与同学谈论一些自己感兴趣而他们不感兴趣的话题？　是○　否○

35. 你有逗乐儿童的小手法吗？　是○　否○

36. 你平时会告诫自己不要说虚情假意的话吗？　是○　否○

评分

请把你的答案和下面的答案逐个对照：

1. 是	2. 否	3. 否	4. 否	5. 否	6. 否
7. 否	8. 否	9. 否	10. 是	11. 否	12. 是
13. 否	14. 否	15. 否	16. 否	17. 是	18. 否
19. 否	20. 否	21. 是	22. 是	23. 是	24. 否
25. 否	26. 否	27. 是	28. 否	29. 否	30. 是
31. 是	32. 是	33. 否	34. 否	35. 是	36. 是

每道题的答案相符就得1分，不相符就不得分，把全部得分加起来，即是你的总分。

你的总分为：________________。

解释

30分及以上：人际关系很好。

25～29分：人际关系较好。

19～24分：人际关系一般。

15～18分：人际关系较差。

14分及以下：人际关系很差。

真情寄语

我是大海中的一滴小水珠，有我和我的伙伴，才能形成汹涌澎湃的大海，造福人类；我是高山上的一株小草，有我和我的伙伴，才能形成翠绿的山川；我是集体中的一员，有我和我的伙伴，才能形成和谐、温暖的集体。

二、学会与异性交往

心灵密语

初三某班的徐文娟自小父母离异，跟着妈妈长大。她很恨爸爸，觉得天下的男人没一个是好人。徐文娟平时只跟女生玩，从来不与男生来往，即使有男生主动找她，她也显得很拘谨。有一次，全班一起出去野炊，她切肉时不小心切到了手，血不断往外冒。很多同学都没有见过这种场面，一下子都被吓呆了。就在这时，班里两个高大的男生站了出来，将自己的衣服撕破给她包扎上，并带她到医院上好药后送她回了家。之后，她非常感谢这两个男生，变得很乐意跟男生交往了，性格也开朗了许多，在学习上也比以前有了更大的动力。

心灵解码

困扰类别：人际困惑

关键词：异性交往

由于家庭的原因，徐文娟对男生产生了偏见，致使自己与男生产生了隔阂。一次意外的经历，改变了她对男生原有的偏见，扩大了她的交往范围，从而优化了她的性格。其实，异性交往是人际交往的重要组成部分。男女同学的交往不仅是正常的，而且是必要的，有益于同学们身心的健康成长。心理学的研究发现，青春期交往范围广泛、既有同性知己又有异性朋友的人，比那些少有朋友或只有同性朋友的人个性发展更完善、情绪波动更小、情感更丰富、自制力更强、心理健康水平更高，更容易形成积极乐观、开朗豁达的性格。

异性交往有助于同学们的全面健康发展。男女同学在正常交往关系中取长补短、互相学习，还能消除对异性的好奇心和神秘感，培养健康的性心理。与异性的交往，既有助于男生克服逞能好强、骄傲自满等不良心理，也有助于女生克服优柔寡断、感情脆弱等性格缺点。总之，异性同学通过相互交往、彼此学习，可以相互影响、完善自我。

那么，如何与异性同学正常交往呢？

心灵处方

建议 1：更新交往观念

青少年由于性的萌动，产生对异性的渴慕是正常的生理、心理现象。过分压抑这种情感对于身心健康的发展是不利的。尤其是在当今信息开放的时代，人们的观念发生了巨大变化，开放型的人际交往成为社交的主旋律。因此，同学们不应将与异性的交往神秘化。我们既要反对男女同学间"授受不亲"的传统观念，又要注意"男女有别"的客观事实。男女同学间，只要是正当的、纯洁的友情，完全可以堂堂正正地往来和接触。但在与异性同学交往时要学会遵从道德规范和规避社会禁忌，一举一动都要大方得体，不能过于随便。

建议 2：注意交往方式

异性同学间应以集体交往为宜。课上的讨论、课后的说笑、课外的活动等，都为大家创造了与异性交往的机会，使一些性格内向、不善交际的同学避免了独自面对异性的羞涩和困窘，也使一些喜欢交际的同学满足了与人交往的需求。在集体的异性交往中，每个人所面对的都是一群异性同学，他们各有所长，或幽默健谈，或聪明善良，或乐观大度，或稳重干练……同学们在吸收众人优点的同时，开阔了眼界和心胸，避免了只盯住某一位异性而发展成为"一对一"的恋爱关系。若是必须单独相处，一定要注意选择合适的场所，避免在偏僻、昏暗处长谈。如果在房间里单独相处，不要插门或锁门，以免引起他人的猜测或误解。集体交往，家长放心，老师支持，同学受益。

建议 3：扩大交往范围

男女同学间的广泛接触有利于增加同学们对异性的认识和了解，使同学们学会辨别异性。例如，有的人有迷人的外表，但在交往中会发现其华而不实；有的人学习成绩顶呱呱，但在交往中会发现其恃才傲物。如果只进行小范围的个别交往，难免会“只见树木，不见森林”，对异性同学的了解可能失之偏颇。所以，同学们应利用好每一次集体活动的机会，有意识地在更大的人际范围内进行交往。

建议 4：把握交往尺度

异性同学约你一同参加某项活动，如听音乐、看电影、观画展、逛书市，这是正常的、公开场合的两性交往，完全可以大大方方地赴约。女同学应端庄、坦荡，不使对方产生误解和非分之想；男同学要沉稳、庄重，尊重对方。双方都应把握交往的心理距离，避免让彼此感到过于亲密的接触。如果同学们在交往中发现对方的“苗头”不对，要及时调整自己的态度，使交往恢复到正常的状态，这样更有利于同学们的成长。

建议 5：善学异性优点

差异心理学的研究表明，男女生在性格方面各有长处。一般来说，男生坚毅、勇敢、独立，女生细腻、温柔、严谨。如果同学们不与异性交往，就很难发现异性身上特有的优点，而这些优点又恰恰是自己所缺少的。因此，男女生间进行正常交往，有利于共同学习、共同提高。

建议 6：分清友谊和早恋

由于同学们的生理和心理机能尚未完全发育成熟，所以这时恋爱难免会有较多的冲动性和盲目性。但是，对同学们来说，友谊与恋情间的尺度不易把握。因此，同学们应尽可能增加群体交往。这样的交往方式，既能宣泄情感和满足同学们的心理需求，又可避免越轨行为。

建议 7：彼此信任和尊重

男生和女生在气质、性格、身体、爱好等方面都有着较大的差异，因而异性间的交往是非常敏感的。所以，异性同学在交往的过程中只有相互信任、相互尊重，才能获得真诚的友谊。

与异性交往是一门科学，也是一门艺术，只有在不断的实践和学习中，才能使自己逐渐掌握要领。因此，同学们应该积极、健康、大胆地参与到与异性的交往活动中，不断提高自身的人际交往能力。同时，通过与异性交往还可以掌握适应社会的技巧，学习异性间的相处礼仪。

趣味心理测试

你在交往中感到羞怯吗

指导语：请根据你的实际情况，对下列题目做出“是”或“否”的回答。

1. 同不太熟悉的人在一起令我感到紧张。　是○　否○
2. 我在社交方面相当差劲。　是○　否○
3. 我不觉得向别人打听事情困难。　是○　否○
4. 我在聚会或者其他社交活动中经常感到不自在。　是○　否○
5. 当处于一群人中时，我很难找到合适的交谈话题。　是○　否○
6. 我并不需要很长的时间来克服我在新环境里的羞怯。　是○　否○
7. 与陌生人在一起时，我很难表现得自然。　是○　否○
8. 在与有权威的人谈话时，我感到紧张。　是○　否○
9. 我对我的社交能力毫不置疑。　是○　否○
10. 我难以正视眼前的事。　是○　否○
11. 我在社交场合里感到很受限制。　是○　否○

12. 我并不觉得与陌生人谈话有什么困难。　　是○　否○

13. 我在与异性交往时会感到更加羞怯。　　是○　否○

评分

第 1、2、4、5、7、8、10、11、13 题，答“是”计 1 分，答“否”计 0 分；其余题目，答“是”计 0 分，答“否”计 1 分。各题得分相加，即是你的总分。

你的总分为：________________。

解释

0 分：在人际交往中不会感到羞怯。

1～4 分：羞怯程度低。与人交往比较轻松、自然。

5～8 分：羞怯程度一般。有时比较大方、自然，有时比较紧张、不自在。

9～13 分：羞怯程度高。与人交往时内心紧张、局促不安、说话较少，即使在两个人交流时也很少与对方进行目光接触。

真情寄语

世界因为有了男人和女人才变得完美。少男少女们要相互学习，取长补短，携手共进，共同绘就无悔的青春。

三、和老师发生矛盾以后

心灵密语

高二的蔡俊锋与英语老师发生了矛盾。英语课上，大家都在认真地听课，邻桌一位同学传过来一张纸条，约他放学后踢足球。谁知这被英语老师发现了，马上严厉地批评了他。他认为这是英语老师有意让他丢面子，因为他上次没完成英语作业而借机报复。第二天上学路上，他正巧碰到英语老师，向其打招呼时英语老师没作声，只顾低头走路。以后每逢上英语课，他就感到非常厌烦，对英语老师讲的课一点也听不进去。本来他对这门课就不感兴趣，加之现在对英语老师有看法，这导致他上课老走神。他知道最后吃亏的是自己，道理是懂，心里也很着急，但不知该怎么办。

上课
不许
传纸
条！

心灵解码

困扰类别：人际困惑

关键词：师生矛盾

在学校里，同学们和老师朝夕相处，有时会由于各种原因产生误会和分歧，与老师发生矛盾，从而影响师生关系，甚至影响学习情绪。一般来说，师生间的误解是常有的，关键在于如何解决矛盾、处理好师生关系。没完成作业是蔡俊锋的不对，上课传纸条也是他的不对，英语老师批评他没有错。他和英语老师打招呼的时候，可能英语老师正在想事情，没有太留心，而不是故意不理他。学生对老师的某些做法有意见是正常的，老师批评学生也是正常的，但绝对不会存在报复的问题，老师更不会小气到不理学生。因此，作为学生，应该正确对待老师的批评，没有哪个老师不想为学生好，完全没必要为此事烦恼。所以，出现这种事情，首先是要正视自己的错误，接受后果，然后真心实意地向老师道歉。只有这样才能放下包袱，不然始终会耿耿于怀，影响自己的身心健康。

那么，在与老师发生矛盾后，还可以做哪些弥补呢？

心灵处方

建议 1：客观分析，避免先入为主

蔡俊锋对英语老师有两种看法：一是认为课上英语老师有意让他丢面

子；二是认为英语老师记仇，对他的打招呼不搭理。事实上，这两种看法起因都是他主观犯疑，是不符合事实的。他没有客观地分析问题，而把风马牛不相及的事主观地联系在一起，结果产生了烦恼。当然，老师也应在认真调查的基础上，进行令人信服的批评，避免产生误会和对学生造成伤害；学生也要能够摒弃产生矛盾的主观因素。这样一来，师生之间的矛盾就很容易被解决。

建议 2：心理相容，多一点宽容和理解

每个人都生活在社会群体中，难免会发生一些磕磕碰碰。如果小摩擦处理得当，可以化干戈为玉帛；处理不好，就会留下隐患。当被英语老师在课堂上批评时，如果蔡俊锋能做到心理相容，设身处地地从英语老师的角度去认识问题，就会得出正确的结论：课堂上那么多同学，英语老师兴致勃勃地讲课，可能看不清传纸条的经过，因而没有看到谁先传的纸条。在师生交往中，如果发生了分歧和摩擦，要想一想对方是不是故意的、是不是自己的言行有误导、自己应如何正确认识自己的缺点和错误，也就是说要虚心点，这样你就会心平气和，做到得理也让人、无理便认错。因为老师是人，不是神，所以出现错误也是难免的。这样去理解就会做到宽容，矛盾也就迎刃而解，师生之间就会建立起更为密切的关系。

建议 3：尊重老师，避免公开争论

师生间应该真诚友爱、坦诚相见。当与老师发生意见分歧或产生矛盾时，同学们应当主动地、个别地找老师交换意见，陈述自己的想法，听取老师的规劝，切不可在大庭广众之下与老师展开争论，防止分歧公开化、扩大化，以维护老师的威信并为消除分歧创造有利条件。蔡俊锋如果能诚恳地与英语老师交流自己的想法，坦率直言，当初的分歧很快就能解决，后来的隔阂也就不会发生了。态度诚恳、与人为善、及时交流，是促进师生间友好相处的重要方法。

建议 4：求同存异，避免冲突

如果与老师的分歧一时难以统一，可以求同存异，保留自己的不同意见。若老师做出不公正的处理，也要保持冷静，除了进一步向老师陈述自己的意见外，还可以通过正常的程序向上级组织反映，维护自己的合法权益。

建议 5：提高修养，尊师重教

老师是人类文化的传播者，在人类文化的继承发展中起着桥梁和纽带作用。同学们的成长无不凝结着老师的辛勤劳动。今天，尊重老师已成为尊重知识、尊重人才、尊重科学的重要表现，反映着全社会的精神文明水平。尊重自己的老师，是对同学们最基本的道德要求。

趣味心理测试

交往能力测试

指导语：下面每题均有三个选项：A. 是，B. 不确定，C. 否。请对照自己的实际情况做出选择，并将选项填入括号中。

1. 我不喜欢与其他同学一起做游戏和学习。（　　）
2. 我不喜欢说话，有时宁愿用手势表达意愿，也不用语言表达。（　　）
3. 我不愿意和任何人进行目光接触。（　　）
4. 同学们不喜欢与我一起做游戏和学习。（　　）
5. 同学们不喜欢在我面前讨论各种问题。（　　）
6. 父母总是对我管束严厉、动辄训斥。（　　）
7. 放学后我不愿意回家，而是喜欢在外面玩。（　　）
8. 我对同爸爸妈妈谈话十分反感。（　　）
9. 我对父母的斗嘴、吵架感到无所谓，习以为常。（　　）
10. 爸妈从来不过问我的任何事，在他们眼里我可有可无。（　　）

11. 老师对我特别挑剔，专爱和我过不去。 （ ）

12. 老师在课堂上从来没看过我一眼。 （ ）

13. 在路上看到老师，我总是设法躲避或装作没看见。 （ ）

14. 老师家访时经常告状，向爸爸妈妈讲我的坏话。 （ ）

15. 我觉得老师对我太不公平了，真想和他大闹一场。 （ ）

评分

每题选择A得1分，选择B得2分，选择C得3分。各题得分相加，即是你的总分。

你的总分为：________。

解释

40分以上：你的交往能力较强，人际关系较好。

20分以下：你的交往能力较弱，人际关系较差。

真情寄语

安其学而亲其师，乐其友而信其道。

四、跨越代沟

心灵密语

初三某班黄燕周末回到家刚想做作业，突然想起今晚是自己一直关注的一个综艺节目的总决赛。于是，她马上打开电视津津有味地看了起来。还没看到一半，爸爸就回来了，看到她正在看电视，二话没说就把电视给关了，还大声训斥道："你作业做了吗？赶快去把作业做了。都初三了，马上面临中考，你还有心思在这里看电视，考不上重点高中我再跟你说！"黄燕的眼泪一下子流了出来，哭着说："我考得上考不上关你什么事，你要我考重点高中，我就考个普通高中给你看。看你还能把我吃了！"然后，黄燕就跑进自己的房间里去了。爸爸想去打她的时候被妈妈拦住了，这才避免了进一步的冲突。

总决赛
中考!!
不能看电视!!

心灵解码

困扰类别：人际困惑

关键词：代沟

黄燕的这种情况就是典型的由于代沟而产生的矛盾。有的同学因父母管教过细、过严而与父母反目；有的同学因父母有残疾、工作平凡，自己虚荣心过强而不愿与父母相处……类似这种情感上的问题，同学们应该主要从自身寻找突破点和解决的途径。

两代人间为什么会出现代沟呢？第一，价值观念不同。年轻人对传统大多持怀疑态度，他们有自己的价值评判标准，不喜欢循规蹈矩。他们常觉得，凡是能恰如其分地解释当今社会现象的思想和学说、能够为大多数人所接受的生活方式都是合理的。而老一辈人却易受传统框架的束缚，普遍觉得与传统相背离的思想和行为总有些大逆不道。第二，行为方式不同。年轻人富有创新与冒险精神，喜欢当机立断——这是他们向社会展示自己已成年、可以独当一面的表现。老一辈人却更为持重，做事或决策时常谨小慎微，凡事总好权衡得失、周密思考，以期使自己的计划不被意料之外的事情所扰乱。第三，生活方式不同。年轻人更喜欢款式新颖、色彩鲜艳、富有活力的衣着，更喜欢节奏感强、时代气息浓的音乐。这些在老一辈人看来常难以接受，有的人甚至为之大动肝火。

心灵处方

建议 1：了解自己的父母

为了能与父母融洽相处，同学们当然先要了解自己的父母。部分同学的父母正处于更年期。他们常表现出易激动、烦躁不安等情绪。本来父母就特别希望儿女尊重自己，如果此时受到顶撞，就会感到格外痛心、难过，甚至会因此而身患疾病。所以，做儿女的，要设身处地地替父母想想，尽可能心平气和地与父母讨论，不要惹他们生气，尽量促使两代人心理相容。

建议 2：勤于和善于反思

同学们年轻气盛，血气方刚，遇事容易冲动。但如果遇事能先退一步，反思一番，会有助于矛盾的解决。对父母有什么不满时，如果能冷静地分析一下他们为什么会这样做，也许就不会感到那么厌烦了。例如，有的父母经历了不少苦日子，他们对金钱自然看得重一点。诸如此类的矛盾，只要同学们能与父母来个心理位移，从对方的角度看问题，问题就不难解决了。

建议 3：与父母约法三章

为了帮助消除矛盾，同学们可试着与父母约定，今后出现矛盾时，可依据矛盾的内容、程度的不同，分别采取以下措施：①接纳，在真正弄清对方的意见和态度后，并感到这些意见确有合理之处时，心悦诚服地接受；②融合，将双方的意见取长补短，形成一个更为合理的意见；③折中，将双方的意见结合为一个活动方案，这就要求双方都有所让步；④并存，允许双方各有自己的态度和看法，但不相互干涉，在并存中，尊重和迁就是双方应具备的态度。

建议 4：防止虚荣心作祟

如果是自己受环境、自尊心、虚荣心的影响看不起父母，觉得在这种家庭里生活窝囊，从而产生厌烦情绪，这种想法可万万要不得。中华民族有孝敬父母的传统美德，这里面既有“孝”又有“敬”。父母养育孩子付出了无数的劳苦，养育之恩难以言报。地位、金钱可以不要，亲情绝不能不要。家庭出身是无法选择的，而且越是条件不好的家庭，父母付出的往往会越多，子女就应越加孝敬。只要家庭和睦，什么困难都能克服，再苦的日子也有甘甜。

建议 5：避免逆反心理

随着知识的不断增加、身体的逐渐成长，同学们往往认为自己已经长大，不再需要家长的管理和教育，甚至对家长的关心很反感。这时同学们需要端正自己的态度，正确对待家长的关爱。

趣味心理测试

你和父母相互了解吗

指导语：下面这套测试题，可以看出孩子和父母是否互相了解。两套测试题，一套针对孩子，一套针对家长，抓紧时间，和父母一起做吧。孩子和父母分别独立完成下面的测试题，然后互相评分。

孩子要做的题

1. 你父母的生日分别是何年、何月、何日？
2. 如果你给父母送生日礼物的话，送什么会令他们最满意、开心？
3. 你父母最喜欢做的事是什么？
4. 你父母最讨厌做的事是什么？
5. 你父母最大的优点是什么？
6. 你父母身体状况怎样（有没有生过重病或者有没有慢性疾病）？
7. 你父母最喜欢的人是谁？

8. 你父母希望你将来成为一个怎样的人或从事何种职业？

父母要做的题

1. 如果给孩子送生日礼物的话，您孩子最想要的是什么礼物？

2. 您孩子的学习成绩在班上处于什么水平？

3. 您孩子最大的优点是什么？

4. 您孩子最大的缺点是什么？

5. 您孩子的性格是怎样的？（例如，内向还是外向；情绪稳定程度如何；是否善于与人交往；是否具有领导才能或潜力；自信还是自卑；等等。）

6. 您孩子自己希望将来从事何种职业或成为一个怎样的人？

7. 您孩子最崇拜和最喜欢的人分别是谁？

8. 您孩子最不喜欢做的事是什么？

评分

与实际情况完全不符计 0 分，与实际情况有点符合计 1 分，与实际情况基本符合计 2 分，与实际情况完全符合计 3 分。将每题得分累加，算出 8 道题目的总分。

你的总分为：________________。

父母的总分为：________________。

解释

17分及以上：父母或孩子对对方相当了解，如果在行为上也能尊重对方的话，会有相当好的亲子关系。

8～16分：父母或孩子对对方不够了解，说明对对方关心还不够，应开始加强对对方的了解和理解。

7分及以下：父母或孩子对对方缺乏了解，建议马上进行沟通，改善双方关系。如果可能，可请心理老师帮助。

如果同一家庭中，两代人得分悬殊，表明家庭中存在倾斜的人际关系，这会成为融洽家庭关系的隐患，必须尽早予以解决。

真情寄语

父母和子女，是彼此赠予的最佳礼物。

五、如何与舍友融洽相处

心灵密语

刘钢在宿舍遇到了很大的麻烦，来到我的咨询室诉苦。他告诉我，全宿舍的同学都不喜欢他，而且联合起来对付他，他不愿再在那个宿舍待下去了。他请求班主任换宿舍，但班主任又不同意，这让他苦恼至极。经仔细了解我发现，他以前经常在宿舍无故大吵大闹，经常一个人占着洗澡间很久不出来，还经常在宿舍里乱丢垃圾，而且从来不认真做值日。

心灵解码

困扰类别：人际困惑

关键词：宿舍矛盾

洗手间
好了没有？？

每一位同学都希望能和舍友友好相处，使自己的宿舍成为一个团结、互助、友爱的小集体，但有时情况并不像同学们所希望的那样。同学们在一起生活一段时间后，难免会产生摩擦。有时候一件很小的事情就会使本来很要好的舍友反目成仇，不仅给当事人带来很多烦恼，造成生活和学习的诸多不便，而且使大家的心里都产生了阴影，让宿舍的氛围变得紧张起来。这些都是我们不希望发生的。那么，如何才能与舍友友好相处？这是每位寄宿生都应该思考的一个重要问题。当然，与同学相处并不像所想象的那样难，问题的关键是要看我们有没有这种要与同学友好相处的愿望，也就是说要做这方面的有心人，如果有心，就不怕做不好。

心灵处方

建议 1：善于体谅舍友

有困难时，可以让舍友帮你带饭或值日，但不可以经常这样或指使舍友为你做这做那。在宿舍里，如果发现自己的物品找不到了，不要大叫大嚷，可能是你记错了。即使真的出了问题，也可能是极个别人所为，可以冷静分析，寻求解决问题的办法。大叫大嚷既索不回物品，还会伤了其他无辜舍友的心。总之，不要只想到自己，还要多考虑其他舍友的感受。

建议 2：多宽容、多理解

有些同学，内心想帮助别人，但由于方式、方法不当，可能无意中反而得罪了他人；或者无意中说错了话，让人误会；或者好心得不到好报。对此，我们要心存宽容、不予计较。宽容和理解他人其实也是给别人一次反省和改正的机会。

建议 3：主动关心和帮助舍友

主动关心和帮助舍友，有助于形成相互关心和帮助的网络，营造愉快和友好的宿舍氛围。这就需要每一位同学积极参与宿舍的公共事务，如果轮到自己值日，不扫地、不擦桌子，宿舍就会脏乱；如果自己不打水，光等别人打水，等来的就不只是干渴，还会有怨言和一肚子火气。

建议 4：诚信做人，不乱动舍友物品

应急时，偶尔可借舍友的钱或饭卡，但一定要及时奉还，不然下次再借就难了。偶尔借用舍友闲置备用的物品时，不可一味地想："反正他不用。"请记住，舍友不用并不意味着你有权占用。

建议 5：善用个性互补

在宿舍里，要求所有的同学个性相同是不可能的。不论性格是活泼、开朗，还是文静、内敛，都不能不顾别人而随意骄横、放任自己。关门时砰砰作响，不仅会显得你缺乏教养，而且还可能让舍友神经紧张，心中抱怨；在高兴的时候，如果你想引吭高歌，必须看看旁边是否有心烦意乱或正在生病的舍友，此时他们最需要安静。

建议 6：相互信任

信任是建立良好人际关系的基础，只有相互信任，才会不相疑；只有不相疑，才能长相知。实际上，舍友之间不存在根本的利益冲突，大家都是为了一个共同的目标：完成学业，早日成才。舍友之间如果有了分歧，要及时交换意见、消除误会、增进友谊。

与人相处得好坏，很大程度上取决于我们用什么方式与人打交道。衷心希望同学们能根据自己的实际情况，利用好以上处方，营造温馨和谐的宿舍氛围。

趣味心理测试

人们喜欢你吗

指导语：请根据你的实际情况，对下列问题做出“是”或“否”的选择。

1. 与自己交往的人时时都在注意自己的一举一动。　是○　否○

2. 与朋友交谈时，应畅所欲言。例如，开怀畅谈自己的爱好，不管朋友们是否有相同的爱好。　是○　否○

3. 有时候即使自己很不想这么做，但认为最明智的还是为了维护个人的体面而去这么做。　是○　否○

4. 如果在闲聊中听到别人说的话与事实有出入，会发表自己的看法纠正这些说法。　是○　否○

5. 与不熟悉的人初次见面时，会尽可能地使自己显得聪明、潇洒，以便给人留下好印象。　是○　否○

6. 经介绍与别人初次相识时，如果没听清对方的姓名，会请介绍人再说一次。　是○　否○

7. 要得到别人的尊重就得注意绝对不能成为别人的笑柄。　是〇　否〇

8. 一个人应该处事谨慎，以免被旁人耍弄，被人笑话。　是〇　否〇

9. 与言谈幽默风趣、才华横溢的人交谈时，会努力说些巧妙的话。　是〇　否〇

10. 会时时注意别人的言行，使自己的言行与周围人的情绪相吻合。　是〇　否〇

11. 会帮助自己的朋友，因为自己将来总有一天可能会很需要朋友的帮助。

是〇　否〇

12. 帮人帮得太多是不值得的，因为说到底，没有多少人会真正感激你。

是〇　否〇

13. 与其靠别人，不如让别人靠自己。　是〇　否〇

14. 真正的朋友对友人总是努力给予帮助。　是〇　否〇

15. 会尽力使别人同意或赏识自己。　是〇　否〇

16. 朋友聚会时，如果听见别人说一个自己以前听过的笑话，会叫这个人住口。

是〇　否〇

17. 朋友聚会时，即使听见别人说一个自己以前听过的笑话，也会有礼貌地随大家一起开怀大笑。　是〇　否〇

18. 如果友人邀请你去朋友家做客，但你想去看电影，这时就会借口推脱，而不会直接讲出真正原因，以免伤了朋友的感情。　是〇　否〇

19. 作为一个真正的朋友，会坚持要求与自己关系密切的人做对他们最有益的事，即使他们不愿意那样去做。　是〇　否〇

20. 当他人对你的看法偶尔提出不同意见时，不会冒失地试图说服他人，并强硬地为自己的观点辩护。　是〇　否〇

评分

题目	1	2	3	4	5	6	7	8	9	10	11	12	13	14	15	16	17	18	19	20
是	0	0	0	0	0	1	0	0	0	0	1	0	1	1	0	0	1	0	0	1
否	1	1	1	1	1	0	1	1	1	1	0	1	0	0	1	1	0	1	1	0

将各题得分相加，即是你的总分。

你的总分为：________________。

解释

0～7分：你不被他人喜欢，应该引起警惕。

8～13分：你被他人接受的程度一般。

14～17分：你与他人的关系比较融洽。

18～20分：你是一个很讨人喜欢的人。

真情寄语

朋友是容易交的，保持友谊却很难。

第二章

学海泛舟

♪ 曙光

♪ 律动

一、凡事预则立，不预则废

心灵密语

愁眉苦脸的张帆来到心理咨询室诉苦：“我觉得每天都过得很难受。由于高一没抓紧学习，我的学习成绩比初中时下降了很多，基础知识也很不扎实。我很想抓紧时间把功课补回来，但是又不知道怎么补。上课时经常听不懂老师讲的内容。晚自习复习时常常拿起语文书看一下，又想着英语单词还没有背，看一会儿英语书，又想着数学作业还没有做。有时候，一个晚上什么科目都看不了几页，我真不知道该怎么办。”

心灵解码

困扰类别：学习困惑

关键词：计划

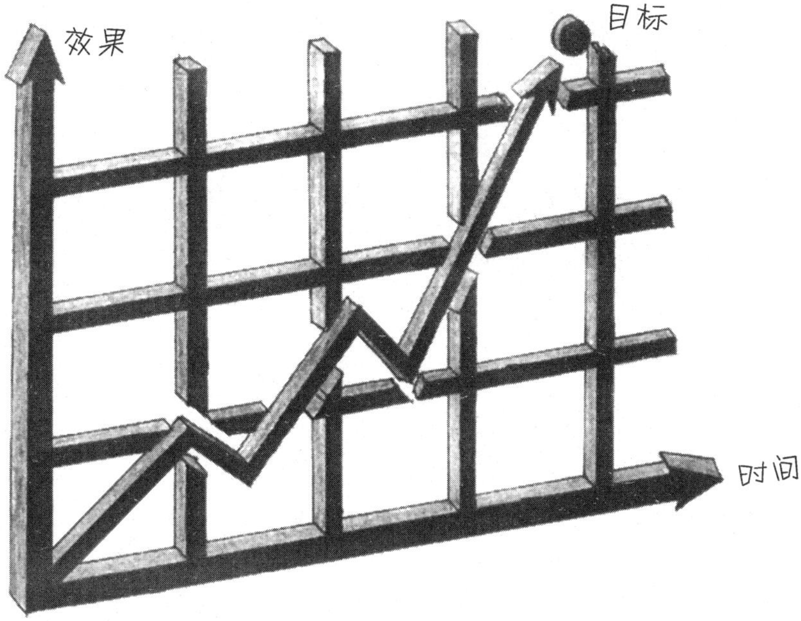
效果
目标
时间

有些同学和张帆一样，学习没有计划。“脚踩西瓜皮，滑到哪里算哪里”，这很不好。有的同学认为，学校有教育计划，老师有教学计划，跟着老师走，按照学校要求办就行了，何必自己再订计划，这种想法是不对的。学校和老师的计划是针对全体学生的，每个学生还应该按照老师的要求，针对自己的学习情况制订具体的个人学习计划，特别是自学部分更要有计划。显然，张帆的学习没有计划性，因此常常会既花了时间，又不见效果，还弄得自己疲惫不堪。对于高中生来讲，分清自己的优势和不足，制订相应的学习计划是非常必要的。学习不是一朝一夕的事，古人寒窗十载，才得以有金榜题名的荣耀。现在进入大学之前同样有十几年的书要读。读这么长时间的书，计划显然必不可少。

心灵处方

建议 1：学习计划的制订要分长期和短期两种

从长期看，计划的时间为一个学期、一个学年都可，但一般以一学期为宜。制订学习计划时，要以自己的学习目标为指导安排具体的学习内容，并根据学习效果灵活调整学习计划。切记目标不可定得太高，否则如果结果离目标太远会十分打击自信心。从短期看，可以做出一天或一周的计划。对于一周的计划，每周可以有一至两个重点科目。如果你对知识的渴望超过对升学的热衷，计划中的自由时间可以多一些，反之亦然。对于一天的计划，不要与学校的课程表冲突，同时还要注意安排一定的时间消化老师当天所讲的内容，并留出适当的空闲时间以备调整计划。总之，远期与近期计划都应符合自身情况，并要结合学习情况进行调整，才能保证效果。

建议 2：注意计划执行的自我管理

为确保学习计划的落实，应在学习的实践中对计划的实施状况进行定期的自我检查、自我督促、自我验收。计划学习的全过程是：确立目标→采取措施→排定时间→严格执行→检查验收。可以制订一个计划检查的验收表，即将计划在某月某日完成的学习任务、学习进程列成表格，每完成一个项目，就在该项目上打一个"√"，一段时间进行一次验收。若未完成计划中规定的任务，应查找原因，想出办法，确保计划的全面落实。只要学习计划是科学的和切合自身实际的，就应该坚决执行下去。

建议 3：确保计划中安排的学习时间

对于学习基础不是很好的同学来说，在开始阶段可支配的自由学习时间几乎没有或很少，因为他们每天完成老师当天布置的学习任务就很不容易了。但随着学习水平的提高，自由学习时间会逐渐增加。因此，刚开始执行计划时，可能会觉得时间特别紧张，但这时即使需要占用一部分个人的娱乐和休息时间，也要确保计划的完全落实。只要坚持走过了开始这个阶段，过于紧张的学习状况就会改变。一个学生如果希望改变自己被动的学习状况，就应当争分夺秒地去抓个人的自由学习时间。一旦体会到这样做带来的好处，他们就会努力提高在校常规学习时间的效率，以增加自己的自由学习时间，从而使自己掌握的学习主动权越来越大，高效的学习局面也就会逐渐到来。

建议 4：学习时不要兼顾其他事情

有同学说，一边听音乐一边做功课可以提高学习效率，这一说法毫无科学依据。人的大脑各部位的活动分工不同，有的主导形象思维，有的主导抽象思维，有的负责听觉，有的负责视觉，各个部分的神经系统可以交替兴奋，各司其职。听音乐时专司听觉的神经系统保持兴奋，大脑其他部位的活动就处于相对抑制状态，反之亦然。怎么可能一边听音乐一边学习，还会提高学习效率呢？大家一定要记住：做任何一件事情都必须专注，不能把学习和娱乐同时进行，否则也会影响学习计划的完成。

当大家认识到学习计划的意义，并着手制订学习计划时，切勿以为只要有了计划，自己的不良习惯就会在一夜之间消失，学习效率会自动提高。过去形成的不良习惯，没有长时间的努力，是不会自动消失的；而学习效率的提高也只有在长期坚持执行学习计划后才会实现。

趣味心理测试

你的学习有计划吗

指导语：下列各题均有3个选项：A. 是；B. 有时；C. 否。请根据自己的情况如实选择，并将选项填入括号中。

1. 你是否经常不按时交作业？（　　）
2. 上学时，你是否常常把书或其他学习用品遗忘在家里？（　　）
3. 学习新内容时，你是否常常来不及复习？（　　）
4. 你是否常常因夜里看电视或看书报而不按时睡觉？（　　）
5. 在家学习时，你是否从不规定好什么时间学什么课？（　　）
6. 你是否常常在临考之前突击复习而平常不复习？（　　）
7. 你是否总因为看电视或玩耍时间过长而挤掉学习时间？（　　）
8. 学习时，你是否总不能在规定时间内完成任务？（　　）
9. 老师布置的作业你是否经常忘做？（　　）
10. 假期中，你是否从不利用休息时间进行学习？（　　）

11. 学习时，你是否从不考虑学习方法的优点和缺点？（　　）

12. 你是否常常为了学习而不按时吃饭和睡觉？（　　）

评分

每题选 A 计 0 分，选 B 计 1 分，选 C 计 2 分。各题得分相加，即是你的总分。

你的总分为：________________。

解释

0 ～ 8 分：学习计划性较差。

9 ～ 17 分：学习计划性一般。

18 ～ 24 分：学习计划性较强。

真情寄语

宜未雨而绸缪，毋临渴而掘井。

二、掌握正确的学习方法

心灵密语

愁眉苦脸的成思来到咨询室想寻求取得好成绩的秘诀。他现在很苦恼、很烦闷，不想读书了，因为觉得自己平时学习非常努力、勤奋，但付出了这么多成绩还是老样子。我问他平时是怎么学的，他说反正天天跟着老师学呗，然后就做题。我问他课前预习、课后复习没有，他说没有；不懂的问老师和同学没有，他说很少；制订学习计划没有，他说从来没有制订过，因为制订了也没用，坚持不下来。

心灵解码

困扰类别：学习困惑

关键词：学习方法

65
70
69
72

为什么成思这么勤奋、这么努力学习，而成绩却始终没有起色呢？从我问他的几个问题里，我们不难发现，他的学习方法出了很大的问题。恰当的学习方法会使我们的学习拥有事半功倍的效果，从而能更多、更快、更好地掌握知识。随着信息量的激增、知识面的迅速扩展，掌握恰当的学习方法比单纯地掌握知识显得更为重要。有的教育专家认为，将来的“文盲”，不再是目不识丁的人，而是一些没有学会如何获取知识、不会自己研究问题、没有预见能力的人。这就要求同学们不仅要掌握知识，更重要的是必须学会如何学习知识。科学的方法是“点金术”，是通向成功的桥梁。在知识更新日益加速的今天，掌握科学的学习方法显得尤为重要。一个只能被动学习、不会主动探求知识的人，在他的学习中必将遇到许多困难和问题，甚至难以适应周围的环境。只有既学到了知识，又掌握了科学的学习方法，才能适应社会的飞速发展，为社会做出创造性的贡献。

那么，怎样掌握好的学习方法呢？

心灵处方

建议 1：制订计划

要学习好，首先要制订一个切实可行的学习计划，用以指导自己的学习。凡事预则立，不预则废。按计划进行学习，有利于合理安排时间，适当分配精力（重点、难点学科重点投入，但绝对不能偏科）。只有按计划才能使学习做到心中有数，不会打败仗，长此下去可以使你的生活、学习规律化，养成良好的学习习惯，大大提高学习能力。

建议 2：课前预习

通过预习，可以对新课有个初步的了解，知道自己有哪些问题弄不懂，并给不懂的问题做上记号。这样带着问题听课，就会听得更认真，并且能把自己对课本的理解与老师讲解的内容进行比较，加深对新课的理解和记忆，纠正自己的某些片面认识。更重要的是，这样做可以培养自己的自学能力，这是人一生在学习和工作中都必须具备的能力。

建议 3：专心听讲

新知识的接受主要在课堂上进行，所以要特别重视课内的学习效率，寻求正确的学习方法。上课时要紧跟老师的思路，积极展开思维预测下面的内容，比较自己的解题思路与教师所讲有哪些不同。因此，除了端坐静听外，更重要的是积极思考（多问几个为什么）。对同一个问题，可以从不同的角度去观察、分析和对比，大胆提出自己的见解，和老师、同学开展讨论，课堂时间不够，就放到课外，老师没有时间，就和同学讨论。总之，讨论越充分，研究越透彻，理解越深刻，掌握得就越牢固，并且能够极大提高自己的分析能力，增强学习兴趣。

建议 4：及时复习

课后要及时复习，不留疑点。在做各种习题之前，要先将老师所讲的知识点回忆一遍，正确掌握各类公式的推理过程，应尽量去回忆，而不是不清楚立即翻书。认真、独立完成作业，勤于思考。从某种意义上讲，不应养成不懂即问的学习习惯。对于有些题目，由于自己的思路不清一时难以解出，应让自己冷静下来认真分析，尽量自己解决。在每个阶段的学习中都要进行整理和归纳总结，把知识的点、线、面结合起来交织成知识网，纳入自己的知识体系。

建议 5：循序渐进

学习任何知识都必须注重基础训练，要一步一个脚印，由易到难，扎扎实实地练好基本功，切忌好高骛远，前面的内容没有学懂，就急着去学习后面的知识；基本的习题没有做好，就一味去钻偏题、难题。

建议 6：勤于思考

要特别注意培养自己独立思考的能力，防止死记硬背、不求甚解的现象。学习中要多问几个为什么，一个问题可以从几个不同的方面去思考，做到举一反三、融会贯通。

建议 7：善于总结

学习必须善于总结。学完一个章节，要做个小结；学完一本书，也要做个总结。孔子说：温故而知新。经常总结还可以帮助你进一步理解和掌握所学的知识，形成一个较完整的知识框架。不同的学科总结方法不尽相同。

建议 8：课外学习

对于成绩优异的同学来说，课外学习就是进一步开拓知识面、开阔视野、发展特长。而对于成绩相对一般的同学来说，课外学习就应该是努力把欠缺的知识补上来，把基础打扎实，加强基本技能的训练，尽快跟上大家前进的步伐。

学习的方法很多，小窍门也不少，这要因人而异、因学科而异。正如医生开处方，不能千篇一律、千人一方，应当从实际出发，根据自己的实际情况，发挥自己的优势，摸索一套适合自己特点的有效学习方法。

趣味心理测试

你的学习方法适合自己吗

指导语：下列各题均有三个选项：A. 是；B. 否；C. 不确定。请仔细阅读每一道题，做出最适合你的选择，并将选项填入括号中。

1. 课堂上所需的学习用品是否每次必带不忘？（　　）
2. 是否经常迟到？（　　）
3. 能否坚持提前做好上课的准备？（　　）
4. 课堂上是否踊跃发言、积极提问？（　　）
5. 是否常在笔记本上乱涂、乱画？（　　）
6. 是否爱护教科书、参考书？（　　）
7. 考试时能否仔细、工整答题？（　　）
8. 能否在规定的时间、地点进行学习？（　　）
9. 学习时同学相邀去玩，是否欣然答应？（　　）
10. 坐在桌前能否迅速进入学习状态？（　　）

11. 是否有高声朗读教科书的习惯? ( )

12. 回家后能否立即完成作业? ( )

13. 能否仔细阅读发回的试卷? ( )

14. 能否及时预习将要学习的内容? ( )

15. 回家后能否对当天的学习内容进行复习? ( )

16. 每天学习的时间是否固定? ( )

17. 遇到不明之处,是否有及时查阅字典、参考书或向老师、同学请教的习惯? ( )

18. 能否对弱科、不感兴趣的学科格外努力学习? ( )

19. 玩耍时间是否经常挤占学习时间? ( )

20. 是否一边学习,一边听收音机或看电视? ( )

21. 能否认真区分玩耍时间和学习时间? ( )

22. 起床时间和就寝时间是否毫无规律? ( )

23. 是否有一边拿着点心或饮料,一边学习的习惯? ( )

24. 是否晚上经常做噩梦? ( )

25. 是否经常谈笑风生、妙语连珠? ( )

26. 是否一被批评就耿耿于怀、愁眉不展? ( )

27. 是否即使在学习时,也还讲一些“反正我不行”等自暴自弃的话? ( )

28. 是否有过忘记做作业的现象? ( )

29. 一次考试不好,是否总挂念于心? ( )

30. 老师不在时,是否经常摆出一副无所谓的姿态? ( )

31. 是否经常和老师一起玩? ( )

32. 是否常说老师坏话？（　　）

33. 受到老师表扬后，是否更喜欢学校生活，并对这位老师的课也兴趣倍增？（　　）

34. 是否一心盼望运动会、学习汇报会？（　　）

35. 是否经常被老师提醒注意？（　　）

36. 是否被老师批评后，就开始厌恶学校生活，并对这位老师的课程失去兴趣？（　　）

37. 是否经常得到老师的表扬？（　　）

38. 是否有一周的生活计划？（　　）

39. 是否每次新学期到来，都能制订新的努力目标？（　　）

40. 暑假、寒假能否制订生活计划并贯彻执行？（　　）

41. 是否清楚自己的强科并对其格外努力？（　　）

42. 能否与同学互相学习、互相帮助？（　　）

43. 学习上是否有强烈的竞争意识？（　　）

44. 在家里是否常说同学坏话？（　　）

45. 是否经常去图书馆？（　　）

46. 是否不愿待在家里而经常去同学家学习？（　　）

47. 除了学校规定的课程之外，是否有其他感兴趣的活动？（　　）

48. 是否经常睡眠不足？（　　）

49. 学习用品是否充足？（　　）

50. 学校组织的活动能否积极参加？（　　）

评分

第 1、3、4、6、7、8、10、11、12、13、14、15、16、17、18、21、25、30、31、33、34、37、38、39、40、41、42、43、45、47、49、50 题选 A 得 2 分，选 B 得 −2 分。其余问题选 B 得 2 分，选 A 得 −2 分。所有题目选 C 均不得分。每题的得分相加，即是你的总分。

你的总分为：__________________。

解释

得分越高表示你的学习方法越适合你自己。得 70 分以上者，可坚持现有学习方法；得 70 分及以下者，建议重新选择学习方法。

真情寄语

最适合自己的学习方法就是最好的学习方法。

三、容易分心怎么办

心灵密语

不少同学来到我的咨询室，想咨询如何使自己不分心。他们普遍都是上课不能集中精力听讲，尽管每次都暗示自己，这节课一定要认真听、不要走神，可是不一会儿就走神了，结果老师讲什么也没听清。而且，一部分同学在做课后作业时，也开始分心了。本来是做作业的，心思却早就不在作业上了，等自己醒悟时才发现自己又走神了，结果时间也花费了，效果却很差。他们对此非常苦恼，想寻求一个好的方法帮助自己集中注意力、提高听课效率，以期能提高学习成绩。

心灵解码

困扰类别：学习困惑

关键词：分心

外面天高地广
刚又说了什么?
上课ing
困住·锁住我的心
上课时用什么

这是一个很现实的问题，不少同学都为此而苦恼。凡是注意力不集中的同学，都是时间花了很多，但收效甚微。保持良好的注意力，是大脑进行感知、记忆、思维等认识活动的基本条件。在我们的学习过程中，注意力是打开心灵的门户，而且是唯一的门户。门开得越大，学到的东西就越多。而一旦注意力涣散了或无法集中，心灵的门户就关闭了，一切有用的信息都无法进入。

要想克服分心，首先得弄清上课走神的原因。第一，可能是因为不能理解老师的授课内容，老师所讲的知识未能进入你们已有的知识结构。第二，感觉动作能力的落后也是上课注意力不集中的一个常见原因。比如，有的同学已经上小学了，但仍然不会翻滚，不会接、抛球，不敢走平衡木，不会跳绳，不会辨别方向。这种感觉动作能力的落后，妨碍了他们从外部世界中提取有用的感觉信息，许多感觉信息未能传达到大脑，从而出现视而不见、听而不闻的现象。第三，外界环境的干扰。比如，学习环境不安静，外面不时有汽车的喇叭声，建筑工地的机器声，行人的谈笑声、脚步声……一切与当前活动无关的外界事物都可以成为集中注意力的干扰因素。第四，对所学的东西（和所做的事）不感兴趣。兴趣是推动人们去集中注意力的重要因素。同学们也可能有这种体会。你认为自己感兴趣的事物是否就比较容易集中注意力呢？比如对感兴趣的电视节目和小说，是不是就能全神贯注？相反，若是对某种事物没有兴趣，就很难集中注意力。第五，自我控制能力差。自我控制能力是意志力的一种表现。需要我们注意的东西不一定都是我们感兴趣的。对于不感兴趣的事，我们必须通过意志努力，才能对它集中注意力。所谓与分心作斗争，实际上就是提高自控能力。自控能力差，常常是注意力难以集中的主要原因。第六，疲劳。过于疲劳也是注意力不能集中的原因之一。第七，情绪波动。情绪波动也时常会导致注意力不能集中。在情绪过于低落或过于兴奋时，即使要集中注意力去做些平时很感兴趣的事也是困难的。

弄清楚分心的原因以后，究竟怎样才能集中注意力呢?

心灵处方

建议 1：积极做好物质和知识的准备

物质的准备是指上课前必须将上课用的书、笔记本、作业本及相关的文具等准备好，以便在上课过程中随时使用，从而提高课堂效率。有些同学缺乏这些准备，上课了才去翻书包，既耽误自己听课，又影响周围同学。由于事前未准备好笔或笔记本，意识到要做笔记时再去找，等找出来时，老师已经讲完了。知识的准备主要是指做好预习及复习好老师要提问或通过其他方式要检查的内容。

建议 2：积极做好生理和心理上的准备

健康的身体是顺利学习的保障，因此要养成良好的学习和生活习惯，注意劳逸结合，使大脑保持清醒、兴奋状态，保证上课的效率。如果长期开夜车，上课昏昏沉沉，只能是捡了芝麻丢了西瓜，得不偿失。上课时，除了保持大脑清醒、兴奋之外，还要保持专注、轻松、愉悦、乐学的心情。有些同学课间进行大运动量活动或高谈阔论，上课时仍念念不忘，不能将注意力转移到课堂上来，影响了课堂学习。因此，上课铃声一响就必须忘记一切与上课无关的事情，专注于课堂学习。上课时还必须心情轻松愉悦、乐于学习。上课时怀着迫切的学习愿望、虚心的学习态度、愉快的学习情绪，就容易取得较好的学习效果；相反，有厌学、畏难心理，缺乏主动积极学习态度的同学，其学习效果必定较差。

建议 3：课堂上多举手发言

有的同学上课时不积极举手，怕回答错了被同学嘲笑，这是很不正确的。因为不懂我们才需要学习，多数老师不会批评答错的同学，因此请同学们尽管大胆发言。特别是学习中等或偏下的学生，长期不敢提问，问题闷在心中得不到解决，越积越多，久而久之就会造成严重的知识缺陷。不敢提问题，是许多同学学不好功课的重要原因。但是也不要乱提问。有的同学有问题不举手，在下边乱发问或者打断其他同学的发言，这也是很不正确的。提问必须先举手，否则教室里乱哄哄的，更影响学习效果。还有一个问题是，常常有很多人举手要求回答问题，但老师要照顾到每个人是不可能的。对举手的人来说，有两重意义：一是请求回答问题；二是增加上课的责任感，增强注意力。即使没有机会回答，也不要紧，第二重意义才是最重要的。

建议 4：营造安静整洁的学习环境

书桌上除了文具和书籍外不应摆放其他物品，避免分散注意力；抽屉和柜子最好上锁，避免随时翻动；书桌前方除了贴与学习有关的地图、公式、拼音表格等外，不要贴其他会吸引注意力的东西；在家里不要一边看电视，一边做作业。

建议 5：合理安排学习内容的顺序

心理学研究表明，开始学习的头几分钟一般效率较低，15 分钟后可达到顶点。根据这一规律，同学们可先做一些较为容易的作业，在注意力更集中的时段再做较复杂的作业，还可以口头作业与书写作业相互交替着做。

建议 6：养成良好的睡眠习惯

有的同学因学习负担重，所以一到晚上便熬夜，甚至在宿舍打手电筒读书学到深夜；还有的同学不按时睡觉，在宿舍和同学闲聊；等等。结果这些同学早晨不能按时起床，即便勉强起来头脑也是昏沉沉的，一整天都打不起精神；有的人甚至在课堂上伏案睡觉。作为学生，主要的学习任务要在白天完成，白天无精打采必然导致学习效率低下。所以，如果你是“夜猫子”型的，奉劝你学学“百灵鸟”，按时睡觉、按时起床，养足精神，提高白天的学习效率。

建议 7：代换法

首先，以其他事情来缓解精神。无法集中精神时，可以先做一些简单的事情，借此来消除杂念、稳定情绪，从而集中注意力。其次，学习前要做好各种准备工作，这样可以缓和心情、排除杂念，帮助你集中精神。最后，先做喜欢的事情并彻底做完，这样一来，做讨厌的事情时也更容易集中精神。

建议 8：心理因素法

首先，把没处理的杂事记在备忘录上，心理上就会感到轻松。其次，暂时抛开人际关系有助于提高注意力。要想高效率地完成学习，必须有属于自己的时间，而不要单纯只为别人活着。最后，摒弃依赖心理，方能全力以赴。自己能够独立做的事，一定要自己去做。如果你在做一件事时，总想着会有人来帮忙，就不会尽力去完成，也就没有高效率可言。

建议 9：自我提示法

找几张小卡片，上面写专心听讲、不要走神等词，放在平时常看得见的地方，如文具盒、书桌、写字台、墙上等，这样随时可以提醒自己别走神。

建议 10：自我记录法

准备一个小本子，专门用来记录走神的内容。比如，今天数学课上你想了昨天的足球赛，那就要在本子上记录：数学课上想足球赛两分钟。这样记录几天后，认真看一遍会发现自己胡思乱想的东西有多无聊，浪费了多少时间。相信过不了多久本子上的记录会越来越少。

建议 11：自我奖惩法

在每次写作业或复习功课之前，先给自己制订个时间表，即从几点几分到几点几分完成什么内容。如果在规定时间专心致志地完成了学习计划，那么就奖励一下自己（看会儿电视或听一段音乐）。相反，如果由于分神而使计划落空，那就该毫不留情地惩罚自己做不愿做的事，如干家务或跑楼梯等。这样长此以往，你就会为了获得奖励、避免惩罚而渐渐养成集中注意力的好习惯了。

建议 12：多动作协调法

在学习时，手、眼、口全部动起来，易于抑制疲劳、提高学习效率，使注意力更容易集中。

建议 13：听觉集中训练法

在安静的环境里闭上眼睛，用心来听闹钟的嘀嗒声，并要求自己伴随着这种声音默念“嘀嗒……嘀嗒……”。每天五次，每次两分钟左右，坚持六天。

建议 14：视觉想象训练

在安静的环境下闭目静坐，先在头脑中想象出一个黑点，再想象由这个黑点向右无限延长的黑线。每天练习三次，每次五分钟。隔两天后再想象，由黑点起无限旋转的螺旋线形，先坚持七天，然后减量，再坚持两周。

以上这些方法是我参考国内外相关专家的研究成果总结出来的，同学们不妨根据自己的实际情况选择适合自己的方法，提高自己集中注意力的能力，进而提高效率。

趣味心理测试

注意力测试

指导语：每一行中都有一些相邻两数之和等于10的成对的数。找出这些数，并在下面画线。例如：35649732465。此题是测速度的，所以超时是无法得到准确成绩的。请在7分钟内完成该测试。

A. 2 9 1 4 8 7 5 6 3 9 4 6 7 8 8 3 1 2 3 4 5 6 7 8 9 8 7 6 5 4 3 7

B. 9 8 7 6 5 4 3 2 1 9 8 7 6 5 4 3 1 4 2 1 5 2 1 6 2 1 7 2 8 1 9 2

C. 1 2 3 4 5 6 7 8 9 1 2 3 4 5 6 7 1 5 2 1 6 3 1 7 4 6 1 3 5 1 2 4

D. 3 3 4 6 7 3 8 2 9 1 4 5 6 7 3 4 9 1 2 9 1 2 3 1 9 8 7 6 5 1 9 0

E. 5 3 9 8 2 7 7 4 6 7 5 3 7 0 9 8 8 0 2 8 3 8 2 0 8 2 4 6 5 9 3 4

F. 2 0 5 6 3 7 7 0 8 9 5 7 4 9 7 4 5 5 0 5 5 3 3 5 5 4 4 6 5 5 0 5

G. 6 4 3 2 8 9 7 6 3 7 8 2 0 9 3 8 2 4 5 7 8 6 4 0 1 8 2 5 8 6 4 0

H. 7 6 5 5 4 7 4 4 4 6 6 6 8 8 8 3 1 3 4 5 1 7 8 9 1 3 1 4 1 5 6 1

I. 3 2 1 3 2 1 1 2 3 1 2 3 5 4 3 7 8 2 3 9 2 3 7 2 3 6 3 2 4 3 7 6

J. 9 8 7 9 8 7 8 7 6 8 2 6 7 6 5 7 0 1 9 8 6 8 4 7 4 3 2 8 9 6 1 0

K. 1 9 8 7 3 8 2 6 4 5 5 9 1 0 8 8 4 2 3 4 5 6 8 3 4 5 6 7 9 4 6 7

L. 2 4 6 8 2 4 6 8 3 6 9 1 1 8 1 9 4 4 5 5 5 6 6 6 6 7 7 7 7 7 3 8

M. 8 3 6 5 9 1 7 2 3 7 5 9 4 3 7 6 7 7 6 6 5 5 4 4 3 3 2 2 1 1 9 9

N. 9 1 8 2 7 3 6 4 5 5 8 1 8 3 7 2 9 1 0 8 2 0 7 4 5 6 7 8 9 2 3 4

O. 2 7 3 4 8 5 5 6 4 7 2 3 7 8 0 2 6 7 7 5 6 7 5 6 7 5 6 4 5 7 6 6

P. 6 3 8 6 0 9 1 8 7 6 4 3 8 2 9 2 8 7 6 5 4 6 5 4 3 5 4 3 2 3 2 1

Q. 9 7 5 4 3 3 5 4 6 8 2 2 5 4 6 6 8 5 7 4 6 3 5 2 9 6 6 4 5 3 4 2

R. 4 0 4 3 9 3 4 7 3 6 8 2 4 7 4 6 3 6 4 7 5 8 6 9 7 2 8 3 7 2 8 3

S. 9 0 1 6 1 9 8 4 6 3 2 8 7 6 4 2 8 4 8 7 6 5 9 0 7 1 1 5 1 6 8 2

T. 8 3 6 5 4 2 8 9 6 6 1 0 3 6 8 2 6 7 5 4 6 9 8 4 5 7 3 4 2 8 9 1

U. 4 8 6 5 4 8 7 6 9 8 3 4 7 3 8 9 6 4 7 4 6 7 6 4 7 6 4 7 3 4 6 8

V. 8 9 5 7 3 8 6 9 0 1 0 2 8 5 3 7 8 2 3 2 8 1 8 1 7 1 6 1 5 6 4 8

W. 6 4 2 8 6 4 9 7 6 2 8 0 1 8 3 6 5 2 8 3 6 6 7 7 8 8 9 9 1 1 2 2

X. 4 8 2 9 5 1 6 3 8 3 7 8 4 6 7 5 2 2 6 6 3 3 7 7 4 4 8 8 5 5 9 9

Y. 6 2 4 8 2 7 4 6 3 8 9 6 1 9 8 4 8 3 2 8 4 5 5 9 1 8 2 6 4 3 7 9

评分

共有143对相邻数字加起来后等于10。每答漏或答错一对数字，得1分。各题得分相加，统计总分。

你的总分为：________________。

解释

0～26分：优秀，表明你集中注意力的能力非常强，在学习中一定以效率高著称。

27～37分：良好，表明你善于集中注意力，如果能有意识地经常进行一些这方面的训练，也会达到优秀水平。

38～48分：中等，表明你刚刚踏在及格线上，面临两种选择。一是向前走，努力改善自己的注意力；二是向后退，毫不以目前的状况为忧，这样下去，你的注意力将会变得越来越差，成为制约你学习的障碍。

49～143分：不佳，表明你注意力不够集中，常对生活缺乏激情，对周围事物视而不见。

真情寄语

对同学们来说，最可怕的不是上课不能集中注意力，而是因此给自己带来的担心和恐惧。

四、千万别放弃

心灵密语

初二某班的王文江跑来咨询室发泄。他进门就说："老师，读书好无聊哦！我对学习毫无兴趣，上课从来就听不懂。所以，我上课要么看课外书，要么就睡觉，也不愿拿书出来。课后，我也不想做作业，即使想做也不会做，基本上我都是抄同学的作业来应付。总之，来学校读书都是我父母逼的。要我自己选择，我肯定不读了，想到学习我就头痛。其实，不是我不想读书，是我根本就不是读书的料。我也想学习呀，我也知道不读书的后果呀，可是不知道为什么一上课我就想睡觉。您说我该怎么办？"

心灵解码

困扰类别：学习困惑

关键词：厌学

很明显，王文江滋生了厌学情绪，对学习产生了恐惧感。厌学是对学习产生负面情绪的表现，是由不想学习到不喜欢学习，甚至发展为对学习产生厌倦、厌恶，从而逃避学习的一种心态。轻度厌学情绪表现为不想学习和不喜欢学习；中度厌学情绪表现为逃课、逃学；重度的厌学情绪即厌学症，容易引起身心疲惫、头昏脑涨、食欲减退，甚至思维迟钝、记忆力衰退等身心疾病。

一般来说，厌学的原因主要有四种。第一，同学们在学习过程中的消极情绪体验和自我认识存在偏差，社会、学校、家庭等外部环境的不良影响又强化了这种偏差。有的同学学习基础较差，由于种种原因，经过多次努力却只获得一次次的低分和失败，又长时间受到社会的偏见、家长的漠视、教师的批评、同学的歧视。他们在学习中无法获得成功的体验，生活中又无人能理解关怀。这使他们逐渐形成学习无价值、自己是学不好的差生等观念，又反馈到学习行为上，如此恶性循环，很快就患上了厌学症。第二，同学们没有正确的学习动机。有些同学不知道什么是学习，以为是为父母而学。特别是当看到社会上少数没读书而赚了大钱的人时，他们更是迷茫，觉得读不读书都无所谓，这样自然而然就对学习失去了兴趣，甚至产生厌学心理。学习最强烈、最可靠的动力，来自认知需要。只有明白学习任务时，大家才会在学习中表现出更大的兴趣和积极性。第三，一些同学低年级时成绩较好，进入高年级后随着生活、学习环境的改变面临新的挑战，由于心理适应能力差，在挫折和失败面前无法正视自己，以致丧失自信心，消极对待学习，从此一蹶不振，也容易患上厌学症。第四，厌学当然还与学业负担过重、产生逆反心理以及人际关系差等因素有关。

那么，怎样才能有效地矫治厌学症呢?

心灵处方

建议 1：改变观念，接受自我

重新认识自我价值、形成良好的自我意识是同学们变厌学为乐学的重要一环。应认真发现自己所表现出来的良好、积极的学习态度和行为，并给予自己奖励，以不断强化自己表现好的方面，让自己在前后比较中接受自我，认识到自己并非无可救药，而是能学好的，相信自己也是一个有能力、有前途、受尊重的人，改变认为自己无能的观念。

建议 2：培养兴趣，树立信心

兴趣是最好的老师。对自己的自我价值有了新的认识后，随即就要开始自我实践，努力挖掘自己的特长。多参加自己感兴趣的活动，多给自己展示特长的机会，让自己在实践中培养兴趣，并逐步养成良好的学习习惯和掌握正确的学习方法，进而树立信心、坚定信念，彻底矫治厌学的心理障碍。

建议 3：培养自主性和主体性观念，加强自身修养

同学们的生理、心理都在急剧变化并趋向成熟。在这一时期，情绪、兴趣和生理等变化同时发生，每个同学要克服对人对事的片面看法，面对纷繁的环境，培养起自己的自主性和主体性观念。

建议 4：改善自己的人际关系

人际关系差，同学不喜欢，老师也讨厌，很多时候也是自己厌学的一个重要原因。因此，必须先优化自己的性格，正确处理好与同学和老师的关系，想方设法让同学和老师喜欢自己，主动与同学和老师交往，提高自己的交际水平。比如，平时的郊游、运动会、文化节、劳动实践等，都是改善自己人际关系的时机，当然，也包括下课时间。

建议 5：培养自己良好的学习习惯

不懂的勤问老师和同学，及时解决自己的困惑。课前先预习，课上暗示并强迫自己专心听讲，课后及时复习等。同时，还可以根据实际情况制订合适的学习计划，强迫自己按照计划行事。一句话，就是要努力提高自己的学习能力。

当然，除了自身努力外，主动告诉老师和父母自己想学习了，得到老师和父母的支持也是非常重要的，这些都是克服厌学情绪的外在因素，能帮助自己摆脱厌学情绪。同时，还必须有心理准备，改变自我是一个很漫长的过程，需要很强的自我控制能力并持之以恒，才能最终取得胜利。到那时，一个全新的自我将展现在你面前，相信你也会对自己刮目相看。

趣味心理测试

你有厌学情绪吗

指导语：下面是一个测试你是否存在厌学情绪的量表，本量表一共有20道题目，请你根据自己的实际情况如实选择。

1. 我认为学习一点意思也没有。　是○　否○
2. 我是迫于形势才不得不学习的。　是○　否○
3. 我一学习就觉得没劲。　是○　否○
4. 在当今社会里学习没什么用处。　是○　否○
5. 我认为学习很辛苦。　是○　否○
6. 到学校去上学简直是件苦差事。　是○　否○
7. 我学习只是为了父母。　是○　否○
8. 我对学习没什么兴趣。　是○　否○
9. 一上课我就没精打采。　是○　否○
10. 上课时老师讲的内容我总是似懂非懂。　是○　否○

11. 我常常抄同学的作业。　是○　否○

12. 我即使无事可做，也不愿意学习。　是○　否○

13. 我认为自己不是读书的料。　是○　否○

14. 我背书包上学只是为了消磨时光。　是○　否○

15. 我上学经常迟到、早退。　是○　否○

16. 我和老师的关系比较紧张。　是○　否○

17. 我对影视明星、歌坛新秀、体坛名将、青春偶像等很感兴趣。　是○　否○

18. 我上课注意力不集中，常常走神。　是○　否○

19. 我一拿起书本就感到头痛。　是○　否○

20. 我上课时常做一些与学习无关的事。　是○　否○

评分

每题选择“是”记1分，选择“否”记0分。然后将各题得分相加，即得你的总分。

你的总分为：________________。

解释

0～6分：你的厌学情绪不明显。

7～13分：你有中等程度的厌学情绪。

14～20分：你有严重的厌学情绪，建议及时求助心理医生。

真情寄语

厌学没什么可怕，只是一种心理体验而已。只要树立信心，坚持不懈，它就是一只“纸老虎”。

五、对考试成绩进行正确归因

心灵密语

胡姜涛在班里的成绩一向不错，但是在本学期第二次月考中却考得很不理想。他认真进行了一次总结，认为是自己在这段时间里对学习放松了很多，用功程度不及以前，而且上次考得太好后产生了一些骄傲情绪。张锋在这次考试中也没有考好，但他认为本次考试没考好的根本原因是自己运气不好，自己复习的内容一点也没有考到，反倒是没复习到的内容全考了，还有就是考题太难，老师出的题目太偏了。

心灵解码

困扰类别：学习困惑

关键词：归因

从以上两位同学的总结来看，他们对本次考试结果的看法截然不同，因为他们对自己的考试成绩的归因不同。归因是指个体对自己或他人行为结果的原因的知觉和判断。通俗地说，归因就是寻找行为结果的原因。心理学一般认为归因有两个维度：一是根据控制源分为可控（内部）因素和不可控（外部）因素，比如能力、努力等属于可控因素，运气、任务难度等属于不可控因素；二是根据原因的稳定性分为稳定性因素和不稳定性因素，比如能力、任务难度等属于稳定因素，努力、运气等属于不稳定因素。

由此我们不难推理，如果同学们把考试成功归因于个人努力，则会具有自豪感，下次还会努力迎考；如果把成绩差归因于努力不够，则会接受教训和帮助，努力赶上；如果认为是内容太难和自己运气不佳，则会失去努力的愿望和良好的考试动机，不愿再努力。从归因角度来看，能对自己学习成绩的原因做出正确判断、采取有效措施的同学，就能巩固成绩、不断进步。而学习成绩差、行为差的同学，倘若能找出自己学习、行为失败的原因，正确判断，并采取有效的措施，也一定能改变落后的现状。因此，学会正确归因非常重要。

心灵处方

建议 1：客观分析考试成败的真正原因

从主观与客观两个方面进行实事求是的分析、反思。若是主观上尚未尽到最大努力，或方法欠妥，或原来期望值过高，或考场发挥不正常

总结！
运气真差！
50

等，就应吸取教训。若是客观原因，如老师或其他方面的原因，就看看自己用什么办法加以补救为好。这里要注意防止两个极端：一是一味责备自己，不切实际地给自己加码加压，背上沉重的思想包袱；二是一味埋怨老师等外界因素，而看不到自己应负的责任。这些极端的想法对自己都是不利的。因此，对同学们而言，应当学会客观、准确地分析自己的考试成绩，尤其是应当避免错误的归因方式。若总是将成绩差的原因归于不可控因素，如埋怨老师教得不好、试题太难等，无助于准确地分析考试失败的原因。

建议 2：尽量找自己可以改变的原因

不应过多归因于不可改变的事情和不可控因素。在许多影响学习的因素中，只有可控因素可以通过努力改变，而运气和试题难度等都是不可控因素。遇到问题过多地归因于不可控因素，只会使自己意志消沉、失去斗志。因此，只有多从可控因素上找原因，才能看到个人的能动价值。比如，平时再勤奋、努力些，或者加强自我意志力的锻炼使自己更有恒心和耐心等，都是改变自我的好办法。

建议 3：养成先从自己身上找原因的习惯

失败后，我们首先要从自己的身上找原因，而不是一味地埋怨运气不好、试题太难等不可控因素，同时也不要一味地自责。如果一味自责、愧疚而不思进取，只能继续扮演失败者的角色。因此，同学们应多从自身找原因，确实由自己骄傲、松懈、努力不够所致，就要勇于为自己的行为负责，并努力改正，只有这样，才能避免重蹈覆辙。

建议 4：端正和提高成就动机

成就动机是一种想做好事情的动力，它与个人对自己的高要求、高标准有关。就同学们来说，成就动机还和学习效率有关系。为提高成就动机、取得好成绩，建议大家加强对自己独立性的训练，探索适合自己的学习方法，同时还要培养责任感。例如，接受新知识时，要本着对将来负责的态度去学习，就会承担起应承担的责任，有助于消除消极带来的影响，进而取得更大的成功。

建议 5：学会积极归因

所谓积极归因，即能够调动学习积极性的归因方式。根据归因理论，成功时应多做稳定归因，而失败时要多做不稳定归因，才有利于同学们保持积极的行为动力。如果总是将失败归因于一时较难改变的能力缺乏，同学们可能就不会努力去尝试解决类似的问题了。许多同学的厌学情绪就是在失败情境下因不适当的归因而产生的。此外，当考试失败时，要学会从失败情境中寻求可以改进的因素，进行积极归因，力争获取下一次的成功。例如，自己平时成绩总在前十名，在某段时间因连续几次考试成绩下滑到十几名，而使自己的情绪十分紧张、失望，甚至不知所措，就应该做不稳定的、可控的归因。坚信只要自己更加努力、放松紧张情绪、注意改进学习方法，学习成绩很快就能赶上去。这样的归因有助于恢复自信心、放松情绪、增强自我期望，从而产生强烈的学习动机。

建议 6：掌握学习策略，促进积极归因方式

为了使自我在失败或成功的情境下都能进行积极归因，保持持续的学习动力，个体还要掌握学习策略、提高学习能力。掌握和运用一定的学习策略，能使学习产生事半功倍的效果，从而有助于增强自我价值感、稳定地进行积极归因、激发旺盛的学习动力。

趣味心理测试

归因类型测试

指导语：本测试旨在帮助你了解自己的归因类型，一共有20题。如果你认为符合自己的情形，请选择“是”；不符合自己的情形，请选择“否”。

你的学习成绩不理想，是因为：

1. 家中无人指导我解答疑难作业。　是○　否○
2. 学习科目过于枯燥。　是○　否○
3. 家里环境差，没法学习。　是○　否○
4. 父母不关心我的学习。　是○　否○
5. 班级学习风气不好。　是○　否○
6. 学校令人讨厌。　是○　否○
7. 老师的教学方法不适合我。　是○　否○
8. 运气不好，复习的内容总不考。　是○　否○
9. 考题总是太难。　是○　否○

10. 不喜欢任课老师。 是○ 否○

11. 养成了懒散的习惯，平时不愿学习。 是○ 否○

12. 没有有效的学习方法。 是○ 否○

13. 情绪不稳，常被无端情绪干扰。 是○ 否○

14. 缺乏恒心和毅力。 是○ 否○

15. 不能合理安排学习时间。 是○ 否○

16. 学习基础不好。 是○ 否○

17. 努力不够。 是○ 否○

18. 身体不佳，无法集中精力学习。 是○ 否○

19. 对学习没有兴趣。 是○ 否○

20. 本身能力不够。 是○ 否○

解释

如果你倾向于对 1 ～ 10 题选择“是”，说明你是一个外部控制的人，也就是说，你习惯于把事情的成败归因于外部因素；如果你倾向于对 11 ～ 20 题选择“是”，说明你善于从内部归结事情成败的原因，你是一个内部控制的人。

真情寄语

在人生的道路上，只要能够正确归因，就能从低谷走向高峰。

第三章
青春滋味

♪ 星空

♪ 成长

一、正确认识遗精

心灵密语

王刚，初二年级的一位男生，打电话说想咨询，我请他来咨询室，他却说他的问题不好当面谈，想在电话里咨询，5 分钟就好。他告诉我，昨天晚上，他梦见了他们班里一位漂亮的女生，等早上醒来后，发现自己的内裤湿了而且黏糊糊的。他不知道怎么回事，心里很慌，觉得这不是一件好事，又不敢跟同学和父母说。因此，他打电话来咨询。

心灵解码

困扰类别：青春期困惑

关键词：遗精

遗精是男孩子青春期正常的生理现象，首次遗精一般出现在 11 ～ 18 岁。遗精是指在没有性交或自慰情况下的射精现象。入睡后，做梦时遗精为梦遗；不做梦时遗精为无梦遗精；清醒状态下遗精则为滑精。因此，该同学的这种情况就属于梦遗。青春发育期中，由于生殖系统逐渐发育成熟，睾丸产生的精子和前列腺、精囊腺、尿道球腺的分泌液混合而成的精液，在性冲动下或是在生殖器受到外界刺激时，会不自觉地被排出体外，这是一种正常的生理现象。对此，青春期的男孩子不必感到迷惑不解或误以为这是一种什么疾病，从而出现不必要的担忧和苦恼。

初次遗精可能是在梦中因某些事情感到紧张、兴奋，如奔跑、登高或克服某种障碍时产生，性梦也可能引起遗精。遗精没有规律性。一般来说，一个月遗精不超过 5 次属于正常现象。思想过分集中在性问题上，或有过度自慰等不良习惯，或包皮过长、尿道炎、前列腺炎，以及身体虚弱、劳累过度都可能引起遗精。频繁遗精可能导致身体疲劳、精神萎靡等，长期频繁遗精还可能会使身体虚弱，出现腰膝酸软，头晕耳鸣等症状。

心灵处方

建议 1：正确认识，消除焦虑和恐惧

“一滴精、十滴血”的说法并没有科学依据，所以同学们不要担心遗精会伤元气。恐惧、焦虑、紧张只会加重遗精。如果对性知识了解不多，一定要向父母或医生请教。色情类读物和影视作品并不会教给大家性知识，只会使情况更糟。正常的遗精只是一种生理现象，不能认为是思想不

健康导致的，更不是不道德的坏事。所以，男孩子不必过于恐慌。

建议 2：找出原因，避免诱发因素

注意个人卫生，养成良好的生活习惯，杜绝色情类读物和影视作品等，避免过度自慰，将生活安排得丰富一些，多做一些室外活动（如体育锻炼）。如果空闲时间比较多，可以培养一些兴趣和爱好，如打球、下棋等，或者集中精力在学习上。经过以上努力，频繁遗精的现象就可能得以缓解。

建议 3：睡觉的时候避免仰卧，睡醒后应立即起床

不用烫水洗澡，睡觉时宜屈膝侧卧位，被褥不宜过厚，内裤不宜过紧。洗澡的时候注意清洁阴茎冠状沟，以防包皮垢刺激阴茎。以上这些如果处理不好，都容易造成遗精。如果有前列腺炎、精囊炎、包茎、龟头炎等生殖系统疾病，一定要及时去医院诊治。

建议 4：药物和行为治疗

遗精次数过多者可在医生指导下服药，也可在医生指导下采用“提肛法”等手段治疗。

建议5：饮食疗法

遗精后，可食用高蛋白、营养丰富的食品，戒除烟酒、辣椒等刺激性食物，不宜食用肥甘油腻的食物，不饮浓茶，不妄服温阳补肾之类的保健品。

趣味心理测试

遗精知识测试

指导语：请用“是”或“否”来判断以下说法。

1. 遗精只发生在青春期男孩身上。 是○　否○
2. 每月遗精 3 ~ 4 次属于正常现象。 是○　否○
3. 频繁遗精肯定是因为手淫过度。 是○　否○
4. 遗精会导致身体极度虚弱，严重影响健康。 是○　否○
5. 紧身内裤有助于减少遗精发生。 是○　否○
6. 白天清醒时不可能发生遗精。 是○　否○
7. 经常参加体育锻炼可以完全避免遗精。 是○　否○
8. 遗精后生殖器官出现轻微疼痛是正常现象。 是○　否○
9. 睡前大量饮水会直接导致遗精。 是○　否○
10. 精神压力过大可能会引起频繁遗精。 是○　否○

解释

1. 否。遗精在青春期男孩较常见，但成年未婚男性或已婚男性长时间无性生活时也可能出现。

2. 是。每月 1 ～ 2 次或偶尔稍多（如 3 ～ 4 次遗精），在无其他不适情况下通常是正常的。

3. 否。频繁遗精可能由多种原因引起，如生殖系统炎症、身体过度疲劳、精神紧张等，手淫过度只是其中之一。

4. 否。正常遗精不会导致身体极度虚弱，只有频繁遗精且伴有其他身体不适且未及时调整时才可能对健康产生影响。

5. 否。紧身内裤会使生殖器官局部温度升高、血液循环不畅等，可能增加遗精发生概率。

6. 否。虽然遗精多发生在睡眠中，但白天清醒时在某些特殊情况下，如受到性刺激等也可能发生遗精。

7. 否。体育锻炼对身体有益，但不能完全避免遗精，因为遗精还受多种其他因素影响。

8. 是。遗精后生殖器官可能因精液排出过程等出现短暂轻微疼痛，一般可自行缓解。

9. 否。睡前大量饮水主要影响夜间排尿，与遗精无直接关系。

10. 是。精神压力过大可能干扰内分泌等，从而引起频繁遗精。

真情寄语

对正常性生理反应的恐惧，源自对性知识的缺乏。

二、月经初潮不必慌

心灵密语

一位叫宋丽萍的初一女孩发来一封咨询信。信中这样写道："有一次我和同学一起去看电影，忽然觉得下身湿湿的很难受，跑去厕所一看，特可怕，全是血。我不敢跟别人讲，也不知道该怎么办，就找了一些卫生纸叠了叠垫上了，感到浑身不舒服。那天我回家，妈妈不在，只有爸爸在。我不敢和爸爸说，只能憋在心里，觉得特别难受。后来妈妈回来了，我一见她就哭了。妈妈关切地问我怎么了，我就告诉了她。妈妈笑了，迅速从她的卧室里拿了一个卫生巾并带我去了厕所。我总算过了这一关，可是心情仍很坏，觉得一来这个就失去了少女的纯洁似的。从那以后，我每次来月经都非常紧张、郁闷，留下了'恐经'的毛病。"

4月
16

心灵解码

困扰类别：青春期困惑

关键词：月经初潮

该同学的情况是女孩子青春期发育中的正常现象。其实，女孩的月经初潮和男孩的首次遗精，都是青春期发育的信号，是生理发育第二高峰的标志。月经是女性子宫内膜周期性脱落及出血的表现。女性第一次来月经，称为月经初潮。初潮的年龄因人而异，多数在 11 ～ 15 岁。初潮的年龄与气候、遗传、营养、卫生、生活条件、社会环境及心理状况等有关。女孩初潮时的感觉不尽相同，可概括为三种：①由对此事一无所知而引起的恐惧感；②由对此事的负面看法而导致的羞耻感、厌恶感甚至自卑感；③视为平常事。但不少调查发现，很少有同学对这件事持有肯定或正面的态度。比如，由于期待成为成熟女性而引起的欣喜感或由于对这件事的正面看法而引起的自豪感等。很明显，该同学属于第一种情况。

月经周期的计算是从此次月经的第一天到下次月经的第一天，一般是 21 ～ 35 天，平均为 28 天。经期是指经血持续的时间，一般为 3 ～ 7 天。经血的血量也因人而异，与遗传和环境都有关系。正常经血为暗红色，其中半数以上为血液，其余为黏液和脱落的子宫内膜及阴道上皮细胞等。由于青春期卵巢功能尚不健全，最初的月经是由于体内雌激素的波动而产生子宫内膜出血，属无排卵性月经，周期也常不规律。一般来说，从青春期开始到完全性成熟，需要几年时间。

心灵处方

建议 1：正确认识月经

月经初潮是身体发育的结果，是进入青春期的重要标志，没有必要忧心忡忡。同时，女孩子还要对经期时并发的腰酸、嗜睡、疲劳、乏力等不适做好充分的心理准备，避免因惊慌失措加重心理负担。

建议 2：经期禁忌

经期应避免参与剧烈的体育运动，如长距离骑车和跑步等；注意休息，保证充足的睡眠；食用营养丰富、易于消化和吸收的饭菜，这对增强体质、恢复精力大有裨益；还应注意保暖，避免接触冷水。

建议 3：保持清洁卫生

经期应经常用温水清洗外阴，避免自慰。因为经期会有经血流出，外阴容易沾染血迹和分泌物，不及时清洗很容易滋生细菌。

建议 4：加强自我防护

建议使用优质卫生巾，不要用消毒不严格的卫生纸和草纸来代替；不要随便穿别人的内衣和内裤，不要乱用别人的浴盆和浴巾；清洗用具必须与洗脚盆分开等。由于经期出血使阴道环境改变，这时如不注意卫生，更容易使各种细菌侵入感染阴道。

建议 5：及时求医

月经可能在前几次会不正常、不规律，不必过于担心，在医生的指导下喝些中药有助于恢复正常。此外，如果有年过 18 周岁尚未来初潮，或月经过频、量过多及痛经严重等不正常的情况发生，需及时求医。

月经不是病，过于敏感或过于害怕反而会加重月经期间的身心不适。只要注意经期卫生，适当调节情绪，适当休息，月经就不会影响正常的学习和生活。

趣味心理测试

月经知识测试

指导语：请用“是”或“否”来判断以下说法。

1. 塞入卫生棉条会弄破处女膜。　是○　否○

2. 在月经初潮时就可以使用卫生棉条。　是○　否○

3. 如果月经时出血不规则或者出血太多，应该去医院检查一下。　是○　否○

4. 经期中，女性的体温是有高低变化的，常常是月经前半期体温稍低，后半期体温稍高。　是○　否○

5. 月经不按正常周期来，有时提前、有时拖后，这是正常现象。　是○　否○

6. 月经期间流血过多、身体虚弱，所以不能上体育课。　是○　否○

解释

1. 否。处女膜中有一个或很多个小孔，而且是有伸缩性的，所以可以把卫生棉条放入阴道中而不至于伤了处女膜。

2. 是。任何时候都可以用卫生棉条，即使是在第一次也是一样的。

3. 是。如果是一次性大量出血，可能造成休克；如果是每天的量不多，但月经从这个月一直持续到下个月，可能造成贫血。

4. 是。因为排卵后卵巢分泌的孕激素能刺激体温中枢，使体温略微上升。

5. 是。但是，如果提前和拖后在 7 天以上，而且连续三个月经周期不正常，称为“月经先后无定期”。这是一种病，多与肝、脾、肾有密切关系，需要去医院检查。

6. 否。如果没有痛经等不适症状，经期可以进行适当运动，但应避免高强度、高冲击力的项目，比如长跑、跳绳。适当的运动可以帮助女生在经期保持活力，还能缓解经期的疼痛等不适。

三、走出失恋的阴影

心灵密语

一位高大帅气的高二男生来到我的心理咨询室，一脸苦楚，看上去受到了很大的打击。我还没有来得及问，他便开始说了："我不想活了，我心爱的人不要我了。我对她是那样恋着、爱着……我只知道我对她是如此心动，总是心跳加快的那种！可她对我突然如此冷漠，变得形同陌路，往日的快乐一去不返了，昔日的誓言也无从兑现了。我现在越来越孤僻，太痛苦了，我想自杀！！！"

心灵解码

困扰类别：青春期困惑

关键词：失恋

失恋确实非常痛苦，但事实已经如此，谁都无法改变，只能去适应它，这需要一定的时间及较强的自我控制能力。

青少年正是同学们情窦初开的时期，谈恋爱已经不是什么新鲜的事情。谈恋爱就可能遇到失恋。失恋可能是每个人在成长过程中都会遇到的心理现象。可能每个青少年都会对异性产生朦朦胧胧的感觉，这是介于友情与爱情之间的一种很奇妙的感觉。有时候自己很想克制，但越想克制就越克制不了。由于不懂得如何去控制这种情绪，不少同学因此还耽误了学习，得不偿失。为了不让这种消极的情绪影响到大家的学习，我给失恋的同学提出以下几点建议。

心灵处方

建议 1：合理宣泄

可以选择一个草木茂盛、生机盎然的地方，换一身活力四射的运动装，跑上个一两千米或是更长的距离。然后，慢慢走回家，洗个热水澡，打开音响，听一曲轻柔的音乐，好好睡一觉。第二天早上醒来，又是一个艳阳天。

建议 2：转移注意

为什么要待在家里怨天尤人呢？背负分手后的所有责任只会让自己更痛苦。相反，如果走出去多参加一些集体活动，扩大自己的交际范围，转移对某个人的注意力，或者换个新发型、买件新衣服，开始一段新的人生，生活依然美好。

建议 3：心理倾诉

失恋并不可怕，可怕的是不能从中振作起来，最好找个知心的朋友好好倾诉，然后把所有的不满及愤怒大声发泄出来，这样也许会舒服一点。以后，随着岁月流逝会慢慢淡忘失恋的痛苦，偶然想起曾经的往事就当是人生的小插曲吧！

建议 4：主动升华

不要把自己的这种感觉当作是负担，把精力集中在自身的提高上，化悲痛为力量，勤奋学习，为以后的发展奠定坚实的基础。

建议 5：培养兴趣

适当培养一些自己的兴趣和爱好，积极参加各种群体活动，比如野营、爬山等，让自己的生活充实起来。也可以去旅行，找一个一直很想去，但是没有机会去的地方。美丽的风景能驱走心中的郁闷，这个地方也许就是你悲伤的终点和快乐的起点。

爱情并不是人生的全部。失恋没什么，关键是如何摆正心态，迅速从失恋的阴影中走出来。希望这些建议能为大家解决一些问题，也祝大家在未来的情感道路上一帆风顺！

趣味心理测试

你会失恋吗

指导语：下面的题目是用来测试你与恋人间是否有分手的倾向。请根据自己的实际情况选择。

1. 他在以往的恋爱中，有过山盟海誓吗？

A. 有过　　B. 说得不明确　　C. 没有

2. 他还有比你条件更好或条件不相上下的异性朋友吗？他们彼此来往频繁吗？

A. 没有　　B. 没了解过　　C. 有，来往很多

3. 你们的恋爱出现危机之后，有一次在路上相遇，情况是怎样的？

A. 你先跟对方打招呼

B. 你们假装没见到，扭头就走

C. 对方主动跟你打招呼

4. 你们在一起时，是否有过他和你讲话，被你拒绝后没有生气的情形？

A. 有过　　B. 记不清了　　C. 没有

5. 你们的爱情出现波折以后，他找借口来找过你吗？

A. 是的　　B. 不知道来过没有　　C. 没有

6. 你和恋人及周围的知心朋友相处得好吗?

A. 一般　　B. 不好　　C. 相当好

7. 你们谈话时，他有过盯着你的脸出神的时候吗?

A. 记不清　　B. 没有　　C. 有

8. 在你生日或平时，他送过你很喜爱的礼物吗?

A. 没有　　B. 很热情地送过　　C. 很勉强地送过

9. 你们两个并肩走路时，他曾经不知不觉地离开你独行吗?

A. 没有　　B. 记不清　　C. 有过

10. 你对他最关心的事情（如异性朋友、健康状况等）有所隐瞒吗?

A. 有　　B. 没有

C. 有，但不知道他是否关心

评分

题目	1	2	3	4	5	6	7	8	9	10
A	1	1	3	1	1	3	3	5	1	5
B	3	3	5	3	3	5	5	1	3	1
C	5	5	1	5	5	1	1	3	5	3

你的总分为：________________。

解释

10～20分：他对你情深意切。你们深深相爱，他时时都在想着你。尽管由于你未能在感情发展上与他同步，使他认为你高不可攀或另有所爱，但他珍惜你们的恋情。

21～33分：他还没下决心。你们的冲突已在动摇你们的爱情承诺，但质变尚未到来。此时，不失时机地做好挽救工作，消除误会，你们的关系可进入柳暗花明的新境界。

34～43分：他萌发和你分手的念头。你们的爱情已滑向崩溃的边缘，他的幸福感正在消失，也许正在考虑和你分手。

44～50分：他弃你无疑。无须叹息，他已无情于你，甚至开始厌烦你，最好的对策是各走各的路。

真情寄语

苏格拉底曾说：时间是人最伟大的导师，我见过无数被失恋折磨得死去活来的人，是时间帮助他们抚平了心灵的创伤，并重新为他们选择了梦中情人，最后他们都享受到了本该属于自己的那份人间之乐。

第四章

喜怒哀乐

♪ 迷雾

♪ 秘密

一、让心灵天空充满阳光

心灵密语

蒋晓明最近一段时间不知怎么回事，情绪很糟糕，整天闷闷不乐。她上课没精打采，听不进课上的内容，常常走神；下课常常与同学为了一些鸡毛蒜皮的小事吵架，不少同学都开始讨厌她了；回到家里，本想看看电视调节一下心情，结果被爸爸厉声训斥，叫她去做作业，因此与爸爸大吵起来……一连串的事件，让她痛苦不堪，故而来到咨询室想寻求好的解决办法。

心灵解码

困扰类别：情绪困扰

关键词：不良情绪

每个人都会有情绪低落的时候，也会有情绪高涨的时候。蒋晓明此时就处于情绪的低谷。其实，情绪的产生与人们对客观事物的态度有关，而态度又与客观事物能否满足人们的需要有关。因此，从理论上来说，要改变和消除不良情绪的根本办法，就是设法使客观事物尽量满足人们的要求。但是，人的需要多种多样，有些需要也并不一定合理，即使是合理的，限于条件也不一定都能得到满足。所以，在现实生活中更为切实可行的办法是改变自己的欲望和要求，使之尽量符合客观现实。

每个人都渴望事事顺心，但事实上生活有苦也有甜。当面对疾病的纠缠、追求的失落、奋斗的挫折、情感的伤害、学习的压力等困扰时，不良的情绪体验就会油然而生。如果不能正确对待不良情绪，不及时调节、疏导与释放，就会影响人的工作、学习和正常生活，甚至导致身心疾病，危及健康。

心灵处方

建议 1：认清问题本质

有时对一些事的指控并不是生气的真正原因。真正的原因往往是自己由于其他事情不开心，从而导致对某些事情反应过度。

建议 2：适当宣泄

在没有人的地方，用平常少有的声音去大喊大叫，可以使激动的情绪

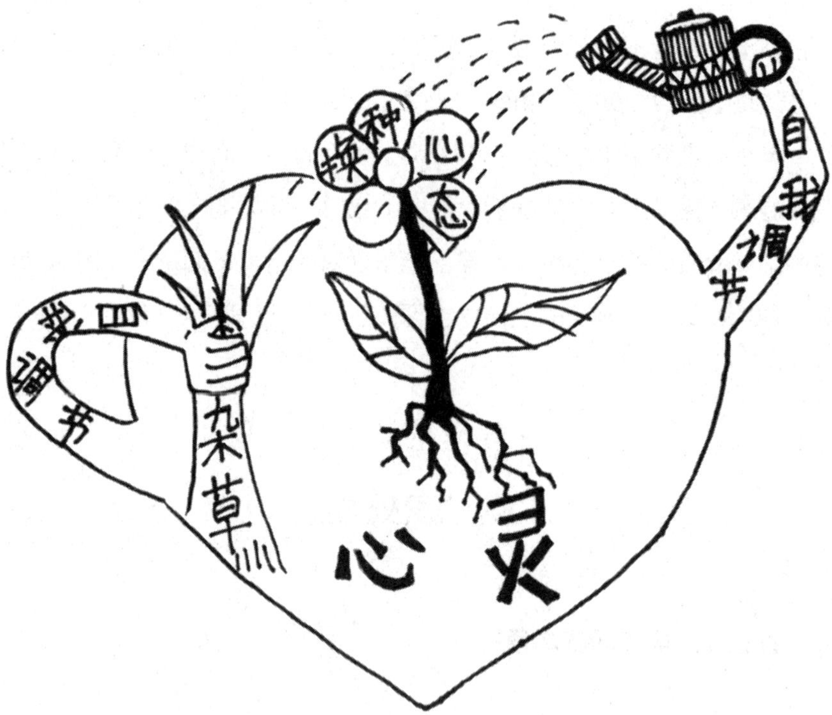
换种心态
自我调节
自我调节
杂草
心灵

平静下来。人在适当的环境中大喊时，注意力会发生转移，心里的郁闷情绪随之会得到释放。从心理学的角度看，人们还会对自己所喊出的内容进行反思，使自己的思维逐渐理性化，随着时间的推移，心情也就会慢慢平静下来。

建议 3：寻求心理支持

最容易实现的方法就是痛痛快快地向好朋友倾诉一番。“当局者迷，旁观者清”，或许好朋友的一番提醒、一个点拨，就会解开你心中的疙瘩。即使暂时不能解开，倾诉之后也能疏散心中的怨气，起到调节情绪的作用。易生闷气的同学，学会适度地表达你愤怒的情绪，有助于排解你的压力。

建议 4：转移注意力

生气时，越想那些惹人生气的事情和越看到惹人生气的人，就越是火上浇油，更加生气。“三十六计，走为上策”，迅速离开引发不良情绪的场合，避免听到、见到和想到那些语言或场景，就会很快平静下来。

建议 5：遇事达观

一个瓶子装了半瓶水。乐观的人认为再加半瓶就满了，有希望。悲观的人则认为才只有半瓶，何时能满呢？事物并没有变，只是人们的认知和评价不同。生气时，不要一味埋怨别人，而要多考虑是否自己在找气生。

有时，与对方交换一个位置，站在对方的立场上来考虑问题，不愉快的情绪很快就会烟消云散。

建议 6：修身养性

生气的本质是大脑对外部事物做出的某种反应，它在很大程度上取决于自己的涵养和当时的情绪状态。可以通过修身养性改变看问题的方法与角度，做到少生气。

建议 7：用笔记录

用笔把让自己生气的事情记录下来。写完后就会发现，自己的心情可能已经发生了改变，甚至会想这样的事值得我生那么大气吗？在没有外人劝导的情况下，写作为什么会使人的情绪发生变化呢？这是因为人在写作时思维容易理性化，虽然这时不良情绪依然控制着大脑，但人必须将杂乱无章的思维变得有条理后才能够下笔写作，这就从客观上促使人冷静下来。从其他角度看，写作也可以转移注意力。人在愤怒的时候，一般极容易钻入思维的盲区，越想越别扭，越想越想不开。而当写出自己的想法后，激动、忧郁、愤怒的心理发生了转移，有助于跳出思维的盲区，钻出牛角尖，这时人也会因此而变得轻松许多。

趣味心理测试

你能认识自己的情绪吗

指导语：这一测验包括15道选择题，每题有A、B、C 3个备选项目。请你在理解题意后，尽可能快地选择最符合或接近你实际情况的项目，并填入括号中。

1. 你烦躁不安时，知道是由什么事情引起的吗？（　　）

A. 很少知道　　B. 基本知道　　C. 有时知道

2. 当有人突然出现在你身后时，你的反应是：（　　）

A. 感受到强烈的惊吓　　B. 很少感受到惊吓　　C. 有时感受到惊吓

3. 当你完成一项工作或学习任务时，感觉到轻松吗？（　　）

A. 没有什么特别的感觉　　B. 经常有这种体验　　C. 有时有这种体验

4. 当你与他人发生口角或关系紧张时，是否感到不快呢？（　　）

A. 是　　B. 否　　C. 说不清楚

5. 当你专心致志地从事某项活动时，知道这是你的兴趣所致吗？（　　）

A. 知道　　B. 不知道　　C. 很少知道

6. 在你的生活中，你遇到过令你非常讨厌的人吗？ （ ）

A. 遇到过 B. 没遇到过 C. 说不清楚

7. 当你与家人或亲朋好友在一起的时候，感到幸福和快乐吗？ （ ）

A. 感觉不到 B. 说不清楚 C. 是的

8. 如果别人有意为难你，你感觉如何？ （ ）

A. 没有什么感觉 B. 觉得不舒服 C. 感到气愤

9. 假如你排队买东西等了很长时间，有人插到你面前，你感觉如何？ （ ）

A. 没有什么感觉 B. 觉得不舒服 C. 感到气愤

10. 假如有人用刀子威胁你把所有的钱都交出来，你会感到害怕吗？ （ ）

A. 不害怕 B. 害怕 C. 说不清楚

11. 当别人赞扬你时，你会感到愉快吗？ （ ）

A. 说不清楚 B. 愉快 C. 不愉快

12. 你遇到过特别令你佩服和尊敬的人吗？ （ ）

A. 遇到过 B. 说不清楚 C. 没有遇到过

13. 假如你错怪了他人，事后你会感到内疚吗？ （ ）

A. 不知道 B. 内疚 C. 不内疚

14. 假如你认识的一个人低级、庸俗，但却好为人师，你是否会瞧不起他？

（ ）

A. 不知道 B. 会 C. 不会

15. 假如你不得不与你深爱的人分手，你会感到痛苦吗？ （ ）

A. 说不清楚 B. 肯定会 C. 不会

评分

题目	1	2	3	4	5	6	7	8	9	10	11	12	13	14	15
A	1	3	1	3	3	3	3	3	3	1	2	3	2	2	2
B	3	1	3	1	1	2	2	1	1	3	3	2	3	3	3
C	2	2	2	2	2	1	1	2	2	2	1	1	1	1	1

你的总分为：________________。

解释

敏感型（36～45分）：能准确、细致地识别自己的情绪，并能认识到情绪发生的原因。但可能会出现：①悲观绝望——能清晰识别自我情绪状态，但采取“不抵抗主义”，被动地接受各种消极情绪，典型的将发展为抑郁症。②乐天知命——对各种情绪采取轻描淡写的态度。③沉溺——被卷入自己情绪的狂潮中无力自拔。

适中型（26～35分）：能识别自己情绪的冲动，区分各种基本情绪，但不能区分一些性质相似的情绪。例如，不能区分愤怒、悲哀、嫉妒等，只是体验为难受。

麻木型（15～25分）：很少有情绪冲动，对喜、怒、哀、乐等基本的情绪缺乏明确的区分；通常表现得冷漠无情，不能与他人进行正常的情感交流，是一种病态症状，建议找心理咨询师咨询。

真情寄语

有了快乐的思想和行为，你就会感觉到快乐。

二、跌倒了，爬起来

心灵密语

诸葛平，高二某班学生，从小学到高中一直是班干部，受到老师和同学的喜爱。谁知在前不久的校学生会竞选中，他却意外落选。突然的“失宠”使他难以接受，心里像打翻了“五味瓶”，情绪一落千丈，不愿讲话、不愿见人、不愿学习，学习成绩直线下降。家长在焦急中前来咨询室求助。

心灵解码

困扰类别：情绪困扰

关键词：挫折

挫折

诸葛平从小生活之路平坦，在这次学生会的竞选中由于意外落选，他难以面对现实，以致自暴自弃。众所周知，人生之路总会有坎坷。挫折感是常见的一种心理现象，就是指个体在从事有目的的活动过程中遇到障碍或干扰，致使个体目标不能实现、需要不能满足时的情绪状态和心理体验。人在遇到挫折时，会出现失眠、焦虑、悲观、委屈、愤怒等心理体验，并且常常陷入自责、自怨、自恨的消极情绪中，严重的还会出现自伤、自残、自杀的念头。同学们必须正确认识挫折，勇于面对挫折，化解挫折给人们带来的消极影响，并把它变为自己前进的动力。

不同的人对于挫折的承受力是不同的。人对挫折的承受力不仅与性格、气质有关，也与抱负、经历、意志等相关。比如，同样是遭到诽谤，外向的人可能暴跳如雷、骂人、发牢骚，以求心理平衡；内向的人则可能流泪叹息，用读书等其他活动转移自己的注意力，以求忘却。一般来说，偶尔遭受意料之中的、较小的挫折，在某种意义上讲是件好事。因为它能使人吸取教训，增长知识和才干，获得解决问题的能力，锻炼意志品质，提高对挫折的承受力。而对于意料之外的重大挫折和接踵而来的多个挫折，如果一个人的心理素质较差或抗挫折力较弱，就会加重精神上的压力和痛苦。那么，同学们如何才能正确面对挫折呢?

心灵处方

建议 1：正确看待挫折

遭受挫折是人们认识世界和改造世界过程中的必然现象，任何人的成长过程中都不可避免地会遇到不同程度的挫折。挫折具有普遍性、客观性。正视挫折，认真分析挫折产生的主客观原因，正确对待挫折，不仅可以消除挫折带来的伤害，而且还可以磨炼自己的意志。例如，鲁迅曾彷徨过，歌德、贝多芬曾想过自杀，但他们都顽强地战胜了自己的消沉和软弱，通过自己的努力，最终走向成功。

建议 2：加强自我控制，提高心理耐受力

遇到挫折后，人会感到紧张、烦闷，行为也难免会有些失常。在这种情况下，如果能有意识地运用心理防御机制，采取一些比较积极的间接反应方式，就能避免加重挫折或由挫折带来的新挫折。因此，在战胜一次次挫折时，也提高了自我的心理承受力。

建议 3：理智冷静地对待挫折

首先，我们应该清楚的是，每个人由于自己能力和客观条件的限制，不可能总是成功的，挫折的确在所难免。因此，当我们遇到挫折的时候，不要怨天尤人，也不要自怜自惜，认为自己一无是处。一遇到挫折就垂头丧气，一蹶不振，这种做法只会使自己成为永远的失败者。既然挫折在所难免，那么遇到挫折时，首先心态要冷静平稳，接下来最重要的就是学会分析失败的原因，找到了失败的原因之后就要考虑下一步该怎么办，然后重振旗鼓，为下一次的挑战做好准备。凡事尽力皆无悔！

建议 4：重组知觉判断，消除挫折感

挫折感的强弱，往往取决于对挫折对象的知觉判断。其实，知觉判断仅仅是一种具有整体性特点的感性认识。所以，当挫折产生后，要认真分析挫折对象的实际情况，做出实事求是的估计，然后再检查自己的判断是否符合实际。如果发现自己的知觉判断夸大了事实，就要改变对挫折对象的认识，从而减轻挫折感。如果发现挫折是由自己的错觉造成的，便可以很快消除挫折感。

建议 5：巧用升华法，转移挫折的压力

升华法是用一个新的目标来代替原来不能达到的目标，借此避免因失败而损伤自尊心。比如，人在失恋后加倍努力学习；脚残疾了就去学手工艺等。与此相似的还有赔罪法或赔偿法，即一个人做了违背良心的事，愿意受到惩罚或用做好事来平衡坏的行为。因此，大家要以一种理智的态度对待各方面的批评、指责，严格要求自己，努力学习，奋发向上。

建议 6：转移注意力，增强自信心

遭受挫折后，一般人都会感觉度日如年，这时要适当安排一些娱乐活动。例如，可以到户外去呼吸大自然的新鲜空气。丰富多彩的闲暇活动可以减轻挫折感，拓宽思路，使内心产生一种向上的激情，从而增强自信心。因此，在遭受挫折时，要及时转移注意力，忘我地去做让自己开心的事，如唱歌、读书、绘画、运动……

在人生的道路上，只有那些勇于面对挫折、不畏艰难、凭坚强的毅力拼搏的人，才能有希望走向成功，才能创造出更加美好的明天！

趣味心理测试

挫折承受力测试

指导语：请认真思考以下题目，它能帮助你了解自己对挫折的承受力。请根据自己的实际情况选择符合自己的选项，并填入后面的括号中。

1. 碰到令人担心的事时： （ ）

A. 无法开始学习 B. 照学不误 C. 两者之间

2. 碰到讨厌的对手时： （ ）

A. 易感情用事，难以应付 B. 能控制感情，应付自如 C. 两者之间

3. 失败时： （ ）

A. 不想再干了 B. 努力寻找成功的机会 C. 两者之间

4. 学习碰到困难时： （ ）

A. 焦躁万分，无法思考 B. 可以冷静地想办法 C. 两者之间

5. 学习中感到疲劳时： （ ）

A. 头脑昏沉，难以继续学习 B. 耐住疲劳继续学习 C. 两者之间

6. 工作条件恶劣时： （ ）

A. 无法好好学习 B. 克服困难，创造条件 C. 两者之间

7. 在绝望的情况下：（　　）

A. 听任命运摆布　　B. 力挽狂澜　　C. 两者之间

8. 碰到困难时：（　　）

A. 失去信心　　B. 开动脑筋　　C. 两者之间

9. 接到很难完成的任务时：（　　）

A. 顶回去　　B. 千方百计干好它　　C. 两者之间

10. 困难落到自己的头上时：（　　）

A. 厌恶之极　　B. 努力克服　　C. 两者之间

评分

选A记0分；选B记2分；选C记1分。各题得分相加，即是你的总分。

你的总分为：________________。

解释

17分及以上：你承受挫折的能力很强。

10～16分：你对某些特定挫折的承受力比较弱。

9分及以下：你的承受挫折的能力比较弱。

真情寄语

世界上的事情永远不是绝对的，结果完全因人而异。挫折对于天才是一块垫脚石，对于能干的人是一笔财富，对于弱者则是万丈深渊。

三、怎样克服害羞心理

心灵密语

打开咨询信箱，一封题为“求救”的信件吸引了我的目光。原来是初一某班的江若梅想咨询一个已困惑她多年的问题。信中的内容是这样的：“我性格非常内向，几乎没有好朋友，平时见到陌生人就脸红，更为严重的是我几乎不敢在课堂上回答问题。每当老师请我回答问题，我都感到很不自然，心跳很快，回答的声音比蚊子的声音还小，而且脸上一阵红、一阵白，站也不是，坐也不是，有时还浑身发抖，同学都笑我。实际上，那些问题我有些是懂的，可是我就是不敢开口。课下见到老师，我就像老鼠见了猫似的赶快离开，不敢与老师正面打招呼、问好。平时家里来了客人，我几乎都是跑到自己的小房间去看书，无论父母怎么叫我，我都不敢出来，心里非常慌。这个问题已经困扰我很多年了，希望您能帮我解决它。期待您的回信。谢谢！”

心灵解码

困扰类别：情绪困扰

关键词：害羞

不难看出，江若梅的害羞心理已经影响到她的学习和生活。害羞，其实是同学们在日常生活中经常会遇到的现象，通常被描述为紧张、拘束、不自然、胆怯等内向特征。主要表现为在回答老师提问时目光游移不定、战战兢兢、结结巴巴，几句话没说完就满脸通红，急切地盼着老师尽快让其坐下；课堂讨论时，总是低着头，用举起的课本遮掩住脸部，让老师无法看清其表情，巴不得老师别注意到自己；与老师相遇时急忙绕道而行；在班上发言时，常常面红耳赤、声音极小；课间休息或课外活动时，其他同学嬉笑打闹、生龙活虎，这些同学却远远地坐着，深沉安静、漠然置之。这类同学中女生为数较多，但也不乏男生。他们由于害羞而不敢说话，不愿多与人交往，同时也为自己的害羞而烦恼、痛苦。这种心理一旦形成，就有可能由害羞、内向而导致自卑，由退缩、失望最终有可能导致严重的心理障碍。

害羞作为一种性格特征，与人的气质关系较密切，它是在人的先天因素和后天环境的共同作用下逐渐形成的。首先，害羞心理与一个人的自我意识发展有关，常常发生在现实自我与理想自我产生距离和矛盾时。例如，总希望自己是无所畏惧的，而事实上连与异性讲话都会脸红；总希望自己豁达乐观，却时不时要为一时的小事而生闷气；总希望自己口齿清楚，而实际上却羞于公开发表自己的观点。这种过分强调自我、老是担心别人是否接纳自己的心理，极易导致对自己的社交能力、表达能力和自我形象缺乏信心，从而产生一种对自己强烈不满的情绪，鄙视自我，产生害怕或害羞心理。其次，因自己遭受挫折时不正确的归因而产生害羞心理。大家在学习、生活中总会碰到挫折和失败，片面地归因于命运、机遇、环境、他人等客观因素，而不去充分发挥自身的主观能动性、不深入剖析自我，在遭受挫折后往往产生一种自欺心理，封闭自我，掩盖缺陷，甚至寄希望于一些不合实际的假想。这样，就易产生自卑、恐惧心理，在盲目自惭自愧的同时，又怨天尤人，抱怨他人不理解自己，产生“在这里我根本不适应”的念头，形成一种严重的自我防御心理，陷入空虚、迷茫、失落和孤独的不良心理状态中。那么，应如何克服害羞心理呢？

心灵处方

建议 1：认识自身优点，树立自信心

如果细细分析，大家就会发现自己身上有许多优点，在某些方面并不比别人差。自信是一种人格，是个性的力量，有了自信，才能成为生活的强者，才会无往而不胜。世上没有十全十美的个体，人们总是有这样或那样的缺点，关键是如何去看待它们。如果缺点是可以克服的，那么应一如既往地去努力。因此，要乐于接纳自己，包括接纳自己的缺点。这就要求大家在生活、学习、交流过程中，既不过分苛求别人，也不过分苛求自己，一切从实际出发，用真诚和信任去赢得大家的尊重与友谊。即便害羞心理已经形成，也应坚信它是可以调控、克服的。

建议 2：培养坚强的意志和开朗的性格

爱害羞的你是不是性格比较内向、意志不坚强，抑或比较沉默寡言、不能承受挫折？你应该在日常生活中多给自己锻炼的机会，积极参加各种各样的活动，或让爸爸妈妈经常带你外出游玩，逐渐改变自己腼腆、内向的性格。

建议 3：进行积极的心理暗示

每到一个陌生场合，当感到有可能要紧张和羞怯的时候，就跟自己说："镇静下来，什么都不去想，把面前的陌生人当作自己的熟人一样。"一个非常害羞的人，当他在陌生场合勇敢地讲出第一句话以后，随之而来的将很可能不再是新的羞怯而会变得滔滔不绝。用自我暗示的意念控制方法来突破开头的阻力，是一种克服羞怯的有效措施。

建议 4：扩大交往范围，积极主动地与人交往

害羞的同学常常因为胆怯而不敢与其他同学交往，结果使自己仅限于很小的朋友圈子，变得越来越孤僻、退缩。害羞的同学很少与其他同学交往，并不是自恃清高，反而往往认为自己是不可爱的、不受欢迎的、别人不愿与之交往的。如果形成这种消极的自我概念，那么在行动上就会有意无意地表现得让其他同学很难接近。其实，当你认为自己是可爱的、被其他同学接受的时候，你就会表现得更自信，而自信的人往往是可爱的，人们愿意与之交往。交往的人越多，就越会增加你的自信，从而在别人面前就不那么胆怯、退缩了。

建议 5：设立一个实实在在的目标

设立一个实实在在的目标，然后将它划分成若干个小的、切实可行的步骤。如果参加聚会总是让你感到很“恐怖”的话，那不妨先以旁观者的身份列席一次，只管观察别人，不要考虑自己。

建议 6：对自己的要求要切合实际，量力而行

对自己的要求应适当，要与你的年龄、能力水平相当，不要过于苛刻。如果对自己的要求过高、过严，会影响临场发挥（如老师提问或当众表演节目时），而且可能会诱发气短、心跳加速、出汗、头晕、呕吐、腹泻等生理上的不适。

建议 7：积极面对可能导致焦虑的环境

如果你总是躲着它们，那你的社交技巧将越来越糟，而你的恐惧感则会与日俱增。你可以通过专门的演讲培训课程来使自己的会话技巧和自信心得以大幅度提高。另外还可以通过选择某种爱好或某项工作来迫使自己更多地与他人接触，如担任学生干部和参加课余时间的各种体育活动等。

建议 8：努力创造机会体验成功的快乐

寻找一些自己力所能及的活动，并尽可能出色地完成，从中体验成功的快乐。如果总是让自己碰到挫折、困难，则会使自己变得更加胆小、内向。要寻找适合自己的活动，找到自己的长处，不要一直着眼在自己的缺点上。

最后，请大家记住任何改变都不是一朝一夕就能做到的，但只要开始采取行动并持之以恒，就一定能克服害羞的心理。

趣味心理测试

你害羞的程度如何

指导语：请仔细阅读以下每一个句子，然后判断句中所描述的特征符合你的感受和行为的程度。请按照下面的标准进行选择，并将选项填入括号中：A. 非常不符合；B. 不符合；C. 无所谓符合或不符合；D. 符合；E. 非常符合。

1. 与不熟悉的人在一起时，我会感到紧张。（　　）
2. 我有点儿不善交际。（　　）
3. 我觉得向别人打听消息没有什么困难。（　　）
4. 在社交场合中，我经常感到不自在。（　　）
5. 与一大堆人在一起时，我找不出适当的话题。（　　）
6. 刚进入新的场合时，我很快就能融入其中。（　　）
7. 与陌生人初次见面，我很难表现得自然。（　　）
8. 与位高权重的人谈话时，我感到紧张不安。（　　）
9. 我对自己的社交能力毫不怀疑。（　　）
10. 直视别人的眼睛，对我来说是很困难的。（　　）

11. 在社交情境中，我感到拘束。 (　　)

12. 与陌生人谈话，我并不感到困难。 (　　)

13. 与异性接触，我比较害羞。 (　　)

评分

第 3、6、9、12 题，选 A 计 5 分，选 B 计 4 分，选 C 计 3 分，选 D 计 2 分，选 E 计 1 分；其余各题选 A 计 1 分，选 B 计 2 分，选 C 计 3 分，选 D 计 4 分，选 E 计 5 分。各题得分相加，即是你的总分。

你的总分为：________________。

解释

总分范围是 13 ～ 65 分，分数越高，表示害羞程度越高。

真情寄语

迈过羞怯的门槛，将是你走向成功的第一步。

四、战胜心灵的“隐形杀手”

心灵密语

纪秀红的妈妈来咨询，想确定她女儿是否得了抑郁症。纪秀红在初一下学期的一次班干部改选中，原任副班长的她却落选了。开始时，她暗中埋怨同学没有投她的票。继而，她不再言语，变得消沉，成天只顾自己看书、做作业，对班级中发生的事情一概不关心，和过去交往密切的同学也渐渐疏远了。回到家里，她除了吃饭，就躲进自己的小房间里。再到后来她就整天闷闷不乐、茶饭不思，甚至有几次还曾经走出家门想要自杀，幸好被人发现并及时制止了。

心灵解码

困扰类别：情绪困扰

关键词：抑郁

纪秀红属于因个人因素（班干部改选落选）而引起的抑郁心理。抑郁心理是青少年中较常见的一种心理失调症，是青少年感到无力应对外界压力而产生的一种消极情绪。那么，青少年产生抑郁的原因何在呢？

原因之一是不健康的家庭环境。家庭环境不健全、家庭教育方式不正确等对个体的性格形成都会产生直接而深刻的影响。原因之二是缺乏正确的自我认识。青少年正处在一个身心剧烈变化的时期，自我意识发展还不完善，难以正确认识、评价自我和社会。他们脑海中往往存有许多不切合实际的幻想，一旦幻想和现实发生矛盾，便会产生挫折感。青少年心理承受能力不强，就容易变得忧虑和苦闷。原因之三是缺乏正确的归因。对自己行为的归因是青少年平衡自己心理的重要方法。按照归因理论，人们一般会对自己的行为结果从两个方面进行归因，即稳定性和内外因。但有的同学常常将自己的挫折归为稳定的内因，总是抱怨自己“不行”“没能力”“不如别人”，从而丧失信心和勇气。原因之四是人际交往的缺乏。许多同学身受学校和家庭的双重压力，他们的时间几乎全用到繁重的学业上，无暇顾及同学间的情感沟通和交流，学习竞争的巨大压力使他们始终处在紧张的状态。生活的单调乏味极容易诱发孤独、寂寞、失落、无助的情绪，进一步导致抑郁心理。原因之五是“应试教育”带来的影响。尽管教育已由“应试教育”向“素质教育”转变，但学校片面追求升学率的现象还是比较普遍。小考天天有，大考三六九，学生被分数分为“三六九等”，极大地挫伤了他们的自尊心。除此之外，青少年的抑郁心理还受内向型性格、社会的压力、成长经历、教师某些不正确的教育方式、某些意外事件等因素的影响。

那么，如果遭遇抑郁情绪，应如何从中解脱呢？

心灵处方

建议1：寻找原因，调整抑郁情绪

如果性格孤僻内向，不妨多参加一些社交活动，试着让自己变得开朗起来；如果生活中发生了不幸，不要过于悲观，更不要总是给自己消极暗示，如“我真没用”“我没救了”等，应该乐观一些，发现自己的优点，运用辩证的思维去朝积极的方面想；当预定目标没能实现时，应该分析一下是否目标过高、对自己的期望过高，然后及时调整目标，缩短理想与现实的差距。只有找出了导致抑郁情绪的原因，才能对症下药。

建议2：转移注意力

当情绪消沉、什么都不想干的时候，要尽量找朋友交谈，做一些自己感兴趣的、能投入进去的事情。尽量使自己“动”起来，不良情绪一定会有所好转。众所周知，隔绝、疏远是产生心理问题的根源。一个拥有良好人际关系的人较容易保持健康心理，体育锻炼也能使人意志坚强、内心充实、身体健康，有助于缓解抑郁情绪。

建议3：培养多角度的思维方式

培养多角度的思维方式，乐观、灵活地看待困难。例如，对自己说：“这件事我不能承担了。”这句话意味着什么？是你能力不够、负担过重，还是想逃避责任？需要分析一下这句话中每个字的意思。首先，是不是只有“我”承担不了，还是大多数人都承担不了？其次，“不能”，是真的不能？还是不愿？“不能”换成“可以试试”如何？再次，“承担”包含什么意思，是要求承担得十全十美吗？最后，“这件事”究竟指什么？如果能把“这件事”说清楚，说不定能对问题本身产生新的理解。总之，被忧伤的情绪困扰时，不妨开动脑筋，换个角度思考，也许会豁然开朗。

建议 4：向他人诉说烦恼

公开表达自己的感情，尤其是愤怒等消极感情。压抑愤怒，常常会把敌意和攻击转向自己，进而导致郁闷和自我伤害。公开表达和讨论自己的消极感情，包括气恼、嫉妒、失望等，有助于保持心情舒畅、产生乐观情绪。

建议 5：培养自信心，提高抗抑郁的能力

我们在生活中要培养自己的自信心。首先，相信只要我们去做了就会有成功的机会。失败并不一定是因为你能力不行，只有相信自己才会赢。其次，不用过于在意自己在别人心目中的形象。过于在意别人怎么看待自己，只会让自己被埋没。最后，做自己喜欢做的事。如果喜欢淋雨的感觉，那么就在某个下雨天到外边畅快地淋雨吧，别人怎么看、怎么说大可不必理会。

建议 6：培养多种兴趣爱好

一个人如果热爱学习，能体会到学习的乐趣，那么学习时就会产生愉快的情绪。同时，紧张的学习和工作，也常会使自己没有时间“多愁”。此外，应培养多种兴趣爱好，音乐、舞蹈、绘画等都能将你带进一个令你如痴如醉的世界，让你忘记烦恼。

最后，如果确实难以摆脱抑郁心理，最好还是求助于心理咨询师，这样有助于你早日从抑郁情绪中解脱出来，重新回到愉快的生活中去。

趣味心理测试

抑郁程度测试

指导语：请仔细阅读下面的题目，然后根据最近一星期的实际情况，在每题后面选择与自己实际情况相符合的答案，并填入括号中。四个选项分别为：A. 没有或很少时间；B. 小部分时间；C. 相当多时间；D. 绝大部分或全部时间。

1. 我觉得闷闷不乐、情绪低沉。（　）
2. 我觉得一天之中早晨最好。（　）
3. 我一阵阵哭出来或觉得想哭。（　）
4. 我晚上睡眠不好。（　）
5. 我吃得跟平常一样多。（　）
6. 我与朋友相处时感觉愉快。（　）
7. 我发觉我的体重在下降。（　）
8. 我有便秘的苦恼。（　）
9. 我心跳比平时快。（　）
10. 我会无缘无故地感到疲惫。（　）

11. 我的头脑跟平常一样清醒。（　　）

12. 我觉得经常做的事情并没有困难。（　　）

13. 我觉得不安而平静不下来。（　　）

14. 我对未来抱有希望。（　　）

15. 我比平常更容易生气、激动。（　　）

16. 我觉得做出决定是容易的。（　　）

17. 我觉得自己是个有用的人，有人需要我。（　　）

18. 我的生活过得很有意思。（　　）

19. 我认为如果我死了，别人会生活得更好些。（　　）

20. 之前感兴趣的事我仍然感兴趣。（　　）

解释

第 2、5、6、11、12、14、16、17、18、20 题，选 A 计 4 分，选 B 计 3 分，选 C 计 2 分，选 D 计 1 分；其余各题选 A 计 1 分，选 B 计 2 分，选 C 计 3 分，选 D 计 4 分。总分乘以 1.25 取整数，即得标准分。标准分 50 分以内属于正常，超过 50 分就要引起注意了。

真情寄语

把脸朝向阳光，这样就不会见到阴影。

五、如何应对心理冲突

心灵密语

初二某班的骆小虹，最近经常迟到或旷课，学校因此给了她严重警告处分。她的父母在紧张之中来咨询。我通过与骆小虹及其父母的交谈发现：她思想不稳定的根本原因在于不能接受班主任的批评。她本来不想到学校读书，却又迫于父母压力，对在本班学习产生抵触情绪。她想通过让成绩大幅滑坡来报复班主任和父母，以实现她转班的愿望。此外，她早年因家庭贫困导致性格孤僻，很担心被别人瞧不起。她并不甘于落后，对父母、对自己有很强的内疚感，但她无法控制自己的情绪，因而内心十分苦恼和烦躁。

心灵解码

困扰类别：情绪困扰

关键词：心理冲突

骆小虹由于不能接受班主任的批评，而对班主任产生了较强的抵触情绪，最后以成绩滑坡为手段来报复班主任，这与其内心想学习的诉求产生了较大的心理冲突，致使自己十分苦恼和烦躁。心理冲突是一种非常普遍的心理现象，是指个体从事有目的的活动，存在多个不能同时满足或互相排斥的目标时所产生的心理不平衡。

心理冲突主要表现为：①期望与现实的冲突。同学们有理想和抱负，易于接受新事物，渴望早日成才。但是，现实往往不尽如人意，如考不上重点学校、分不到重点班级等易使大家产生失落感，坠入失望、迷惘、痛苦、愤懑之中。②学校教育和社会现实的冲突。学校正规化、理想化的教育与社会不良风气的矛盾，易使大家产生挫败感，对学校教育产生疑惑。这些冲突持续激化会导致精神苦闷、彷徨，破坏心理的平衡。

同学们正处于生理与心理发展变化时期，身心发展的急剧变化、情绪波动及所面临的社会问题等，极易导致性需要与性道德、娱乐需要与家校限制、尊重需要与外部权威、个人兴趣与外部要求、理想走向与社会条件限制、要求理解与闭锁性、求知需要与其他需要等心理冲突。如果处置不当，会导致适应不良或行为越轨。那么，应该如何应对心理冲突呢？

心灵处方

建议 1：树立远大理想，提高对冲突的忍耐力

理想是前进的动力，也是克服心理冲突的内在力量。理想越远大，忍耐力越强，越能抑制自己的个人需要而服从社会需要。因此，同学们应该给自己树立远大理想，以增强自己克服困难的信心和勇气，正确对待个人、集体、国家之间的关系，正确对待成败得失。

建议 2：努力争取心理和社会支持

多与同学谈心，将自己的苦恼向好朋友倾诉；多争取父母与老师的理解和关心，常与他们沟通、谈心，以求得更多的心理和社会支持。同他们一起分析冲突的性质、原因，找出解决的办法，有助于缓解焦虑和紧张的情绪。

建议 3：正确对待自己的各种需要

既要满足自己的基本物质要求，但又不能助长攀比之风，尤其不能与同学比吃、比穿。要学会克制个人的欲望，明白家庭不可能满足自己的所有需要，应控制自己的情绪。

建议 4：优化性格，提高心理冲突应对能力

在生活中处理冲突的方法不尽相同，这与个人的性格有关。美国著名心理学家詹姆士说过：播下一个行动，你将收获一种习惯；播下一种习惯，你将收获一种性格；播下一种性格，你将收获一种命运。可见，培养良好的性格是应对心理冲突的基础，也是获得成功人生的基础。

建议 5：学习有关的心理学知识

学习有关的心理学知识，使自己能以正确的态度和方法对待自身所面临的心理冲突和心理挫折，以正确的方法促进自己心理的早日成熟。

建议 6：重新审视价值观

人的一生中，真正值得重视和谨慎处理的是那些足以改变命运的事件、机遇和挫折。人没有必要处处留神，那只会增加你的思想负担。问问自己："我可能遇到最糟糕的事是什么？"就会发现自己担心的事情不值一提。

总之，心理冲突是大家所经常遇到的，处理心理冲突的过程也是检验我们成熟与否的良机。遇到它时，既要把握好自己，也要利用它促进自己的成长。

趣味心理测试

你会化解冲突吗

指导语：在学习中，我们常会因为对某些事的看法不同而与同学争论，如果处理不好就会成为两人间矛盾的开始，如果处理恰当则会让友情更上一层楼。你善于处理同学间的矛盾吗？测完就会明白！

如果你和朋友共事，当你们有不同意见时，你会：

A. 坚持己见。

B. 希望和对方多沟通。

C. 不想跟对方争，即使自己是对的。

D. 请第三者来评理。

解释

选 A：你是一个很有主见、对自己很有信心的人。或许因你太自信、太主观、自我意识太强烈，使你不会站在别人的立场想问题。因此，你最好多听听别人的意见，即使要坚持己见，也要通过沟通让别人心服口服。

选 B：你有沟通的习惯和观念，表示你很适合团体工作。但注意不要为了搞好人际关系而去拍马屁，或为了讨好同学而委屈自己。

选 C：你这种放弃自己主见和权益的做法，会让别人觉得你根本不重视这个工作，也不像团体中的参与者。为了良好的人际关系而让步的做法，不但不会达到预期的效果，反而会因此得罪许多想做事的人。

选 D：选择这种方式来说服对方，可见你是一个很有智慧，并且是个很有度量的人。正因为你淡化个人的主观意识，所以会让别人觉得你不是一个很自大、很专制的人。

真情寄语

面对机会，如果能把握住这个机会，你就会成长；如果放过了这个机会，你就会退步。

第五章

性情品格

纯真

发现

一、如何优化性格

心灵密语

孙丽的性格比较内向，很安静，心特别细，说话、做事总是特别温柔和轻缓，不急不躁，但平时有些怯懦，遇到事情总犹豫不决。有些事情明明自己有能力完成，她却不敢去做，生怕失败。她为自己的性格苦恼了很多年。她以优异的成绩考入我校后，我刚好负责上她们班的心理课。在她了解我以后，终于鼓着勇气来到我的咨询室，想咨询怎样优化性格。

心灵解码

困扰类别：人格困惑

关键词：性格

从心理学角度看，孙丽的性格明显属于内向型。内向型性格的人，一般表现为沉着、冷静、稳重，遇事谨慎，深思熟虑，计划周密，喜怒不形于色，做事认真，责任心强，兴趣专一，但除了知心朋友不愿多接触人，交际面窄。外向型性格的人，一般表现为心直口快，感情比较外露，喜怒常形于色，开朗活泼，思想活跃，关注外界事物，渴望兴奋的事，乐观，好动，善于与人交往，处事果断，但自我克制和坚持到底的能力较差。

什么是性格呢？性格是个人在对现实的态度和行为方式中表现出来的稳定的个性心理特征。具体来讲，它是指一个人对事物的一贯态度和一贯采用的行为方式的特性。例如，有的人锋芒毕露，挫折不断；有的人孤僻高傲，怀才不遇；有的人大智若愚，青云直上；有的人热情大度，生活快乐；有的人刻意求全，郁郁寡欢；等等。这一切都与一个人的性格有直接关系，所以良好的性格是成功和成才的基础。

那么，应如何优化自己的性格呢？

心灵处方

建议 1：树立积极向上的人生观

人的性格归根到底还要受到世界观、人生观的制约与调节。同学们有了坚定的人生目标与生活信念，性格就自然会受到熏陶，表现出乐观、坦荡、自信等良好的性格特征。反之，如果失去了人生目标和生活的勇气，性格也容易变得孤僻和古怪。

建议 2：正确分析自己的性格特征

人贵有自知之明，对自己的性格特征进行科学分析与评价，能帮助自己不断地进行性格的优化。分析的过程是一个深化自我认识的过程，是性格不断完善与发展的重要环节。芸芸众生，性格各异。每个人的性格特征中都有好的因素，也有不良的特征，要善于正确地自我评估，辩证地对待自己的优缺点，好的要进一步巩固，不足的应努力改造，取人长、补己短，有则改之、无则加勉，久而久之就能使不良性格特征得到克服和消除，良好性格特征得到培养和发展。

建议 3：主动帮助他人

不良性格的人往往以自我为中心。他们对人冷漠，一般不愿多与人交往，生活在自我的小天地里。要想改变这样的性格，平常可以主动去帮助别人，因为人人都需要关怀，你去帮助别人，别人也会主动来帮助你。同时，在这种帮助中，能体现自身的价值，心情改善了，对人的看法和态度也会随之改变，从而有利于自己性格的改变。

建议 4：重视在实践中磨炼性格

性格体现在行动中，也要通过实践和实际行动来塑造。学习实践、工作实践都可以磨炼自己的性格。特别要注重在实践中培养一种乐观向上的精神，培养不怕困难、勇于斗争的品格，从而能更适应社会的要求。

建议 5：有意识地进行自我锻炼、自我改造

人拥有自我调节的系统，一切客观的环境因素都要通过主观的自我调节起作用，每个人都在不同的程度上、以不同的速度和方式塑造着自我，包括塑造自己的性格。随着个体认识能力，以及独立性和自主性的发展，其性格的发展也从被动的外部控制逐渐向自我控制转化。如果每一个人都意识到这一变化、促进这一变化，自觉地确立性格锻炼的目标，进行自我锻炼，就能改善对现实的态度以及使意志、情绪等性格特征不断完善，优化自己的性格。

建议 6：积极参加集体活动和社交活动

多接触人、多与人交往，这十分有利于性格的外向发展。一个闭门不出、不与外界交往的人，别人一般也不会来与你攀亲结友。人只有融入集体中，才会获得知己、心情舒畅，也才会学到更多有用的东西，懂得更多人生的道理。

趣味心理测试

性向测试

指导语：下面有50道题，请根据自己的实际情况做出相应选择，并填入括号中。每题均有三个选项：A. 是；B. 否；C. 不一定。

1. 你与观点不同的人也能友好往来。（ ）
2. 你读书较慢，力求完全看懂。（ ）
3. 你做事较快，但较粗糙。（ ）
4. 你经常分析自己、研究自己。（ ）
5. 生气时，你总不加抑制地把怒气发泄出来。（ ）
6. 在人多的场合，你总是力求不引人注意。（ ）
7. 你不喜欢写日记。（ ）
8. 你待人总是很小心。（ ）
9. 你是个不拘小节的人。（ ）
10. 你不敢在众人面前发表演说。（ ）

11. 你能够做好领导团队的工作。（　　）

12. 你常会猜疑别人。（　　）

13. 你受到表扬后会工作得更努力。（　　）

14. 你希望过平静、轻松的生活。（　　）

15. 你从不考虑自己几年后的事情。（　　）

16. 你常会一个人想入非非。（　　）

17. 你喜欢经常变换工作。（　　）

18. 你常常回忆自己过去的生活。（　　）

19. 你很喜欢参加集体娱乐活动。（　　）

20. 你总是三思而后行。（　　）

21. 你使用金钱时从不精打细算。（　　）

22. 你讨厌学习时有人在旁边观看。（　　）

23. 你始终以乐观的态度对待人生。（　　）

24. 你总是独立思考、回答问题。（　　）

25. 你不怕应付麻烦的事情。（　　）

26. 你对陌生人从不轻易相信。（　　）

27. 你几乎从不主动制订学习或工作计划。（　　）

28. 你不善于结交朋友。（　　）

29. 你的意见和观点常会发生变化。（　　）

30. 你很注意交通安全。（　　）

31. 你肚里有话藏不住，总想对人说出来。（　　）

32. 你常有自卑感。（　　）

33. 你不太会注意自己的服装是否整洁。 ( )

34. 你很关心别人会对你有什么看法。 ( )

35. 和别人在一起时，你的话总比别人多。 ( )

36. 你喜欢独自一个人在房内休息。 ( )

37. 你的情绪很容易波动。 ( )

38. 看到房间里杂乱无章，你就静不下心来。 ( )

39. 遇到不懂的问题，你常去问别人。 ( )

40. 旁边若有说话声或广播声，你总无法静下心来学习。 ( )

41. 你的口头表达能力还不错。 ( )

42. 你是一个沉默寡言的人。 ( )

43. 在一个新的环境里，你很快就能熟悉。 ( )

44. 要同陌生人打交道，你常感到为难。 ( )

45. 你常会过高地估计自己的能力。 ( )

46. 你总是忘不了曾经的失败。 ( )

47. 你感到脚踏实地的干活比探索理论原理更重要。 ( )

48. 你很注意同伴们的工作或学习成绩。 ( )

49. 比起小说和看电影，你更喜欢郊游和跳舞。 ( )

50. 买东西时，你常常犹豫不决。 ( )

评分

题号为奇数的题目，选 A 计 2 分，选 B 计 0 分，选 C 计 1 分；题号为偶数的题目，选 A 计 0 分，选 B 计 2 分，选 C 计 1 分。最后将各题的得分相加，即为你的性向指数。

你的总分为：____________。

解释

性向指数在 0 ～ 100 分之间，由性向指数的数值就可以了解一个人内向或外向的程度。

0 ～ 19 分：内向型。

20 ～ 39 分：偏内向型。

40 ～ 59 分：中间型（混合型）。

60 ～ 79 分：偏外向型。

80 ～ 100 分：外向型。

真情寄语

性格是先天与后天的合成，在现实生活中又不断改变和完善。

二、驱散消极自卑的阴影

心灵密语

高三某班的夏国栋一直比较自卑。他的身高只有 1.61 米，并且觉得自己可能再也长不高了，加之长相不是很好看，所以常常觉得低人一等，并由此感到处处不如人、什么都比别的同学差。因此，遇到什么事，他总是缺乏信心，担心做不好，怕出差错。初中时由于学习比较优异，他很多时候还觉得蛮有信心的。但自从进入高中，面对来自各地选拔上来的佼佼者，唯一能撑起他信心的学习优势也不复存在了。这使他更加自卑，觉得自己简直一无是处，常常自惭形秽，极端的时候甚至想到了死。

心灵解码

困扰类别：人格困惑

关键词：自信心

夏国栋由于生理上的“缺陷”而开始产生自卑，加之其在学习上的优势不复存在，这使得他陷入自卑不能自拔。自卑是一种变态自尊，绝大部分严重自卑者都性格内向。他们感情脆弱、体验深刻、多愁善感，常常自惭形秽，觉得自己处处不如人，总感到别人瞧不起自己。

自卑是个体由于觉得自己无能而产生的痛苦感觉，也包括一个人由于生理缺陷或某些心理缺陷而产生的轻视自己、认为自己不如他人的心理。产生自卑心理的原因主要有：对自己的认识不足，过低估计自己；遭受某些挫折；消极的自我暗示；生理有缺陷；学业不理想或家庭条件不如意；等等。自卑心理易使人感到孤独、离群，缺乏自信。当某种缺陷受到周围人的轻视、嘲笑和侮辱时，人的自卑心理就会大大增强，甚至以畸形的形式，如嫉妒、暴怒、自欺欺人等方式表现出来。自卑心理一经产生，任其发展便会成为个体人格中的一部分，不易改变，严重影响个体的交往，影响人的能力发展，影响自身的前途。那么，应如何消除自卑、树立自信心呢?

心灵处方

建议 1：分析原因

了解你的恐惧不安、自认不行到底是由什么引起的。查明原因，是克服自卑的第一步。

建议 2：努力学习

与其徒增烦忧，不如付诸行动。学习好可以帮助你树立信心，有了信心又能帮助你进一步提高学习成绩，从而进入良性循环。

建议 3：坐在前排

大家是否注意到，在各种教学、讲座、聚会中，后面的座位总是先被坐满。大部分占据后排座位的人，都希望自己不会太显眼，怕引人注目的原因之一就是缺乏信心。坐在前面能树立信心，把它当作一个规则试试看，从现在开始就尽量往前坐。

建议 4：正视别人

一个人的眼神可以透露出许多信息。不正视别人通常意味着“在你旁边我感到很自卑，我感到不如你，我怕你”。正视别人等于告诉他：“我很诚实，而且光明正大。请相信我告诉你的话是真的，我毫不心虚。”要让眼睛为你工作，就是要眼神专注于别人，这不但能增加信心，也能为你赢得别人的信任。

建议 5：加快步伐

许多心理学家将懒散的姿势、缓慢的步伐跟不愉快的感受联系在一起。心理学研究表明，改变姿势与速度有助于改变心理状态。如果仔细观察就会发现，身体的动作是心理活动的结果。那些遭受打击、被排斥的人，走路都拖拖拉拉的，完全没有自信心。有的人则表现出超凡的信心，他们走起路来比一般人快，像是短跑，好像是在告诉整个世界："我要到一个重要的地方，去做很重要的事情。"使用"走快25%"的方法，抬头挺胸走快一点，会使你感到自信心在滋长。

建议6：当众发言

有很多思路敏锐、天资高的人因为缺乏自信心，而难以发挥自己的长处。在公开场合尽量发言，有助于增加自信心，也会使下次发言变得更容易。所以，要多发言，这是信心的"维生素"。不论是参加什么性质的会议，上什么样的课，每次都要主动发言，可以是评论，也可以是建议或提问题，但都不要错过机会。而且，要做"破冰船"，即第一个打破沉默。不要担心自己会显得很愚蠢，因为总会有人同意你的见解。

建议7：开怀大笑

很多人都知道笑能给自己带来实际的推动力，它是医治信心不足的良药。真正的笑不但能治愈自己的不良情绪，还能化解别人的敌对情绪。俗话说"伸手不打笑脸人"，也正是这个道理。开怀大笑，还会让你觉得生活很美好。

成功的人并不是靠运气，也没有什么神秘之处，成功只是相信自己、肯定自己、超越自己。自信是一根柱子，能撑起精神广漠的天空；自信是一片阳光，能驱散迷失者眼前的阴影。相信自己，自信就在你的眼前。

趣味心理测试

自信心测试

指导语：请回答下面10个问题，每题选出一个最接近自己真实情况的答案。

1. 当老师在班里提出某一问题时，你会采取哪一种态度？

A. 马上举手表明自己的意见。

B. 除非老师叫我起来回答，否则保持沉默。

C. 等到大家发言后再发表自己的看法。

2. 如果老师对你进行不恰当的批评，你将采取哪一种对策？

A. 马上全力为自己辩护且情绪激动。

B. 冷静地、理智地表明自己的看法。

C. 不出声也不争辩，但记在心里。

3. 全校举行演讲比赛，老师和同学推荐你去，你将如何对待？

A. 以种种借口推脱，坚决不去。

B. 同意去，但演讲什么要老师和同学一起商量。

C. 不马上答应，等考虑好后再做答复。

4. 当你的好友在同学面前提出你认为不好的要求，如借作业本抄，你怎么办?

A. 表面上答应，但过一会找个借口不给他。

B. 给他讲抄作业的害处，帮他弄懂难点，让他自己完成。

C. 听听其他同学的意见，再决定是否给他。

5. 当你去参加学生会举行的座谈会时，会首先做什么?

A. 找认识的同学，坐在一起交谈。

B. 与旁边不认识的同学相互认识，并进行交谈。

C. 一个人坐在那里不言语，看其他同学谈论。

6. 如果被同学选为班长，你怎么办?

A. 勇敢地接受，并负责任地把班级工作做好。

B. 同意试试，但随时准备退出。

C. 要求同学支持、配合你的工作。

7. 如果老师要求你做一件关系到你声誉的工作时，你怎么办?

A. 请老师讲一讲做好这一工作的关键是什么。

B. 明确表示会做好这一工作。

C. 勉强接受，但也可能打退堂鼓。

8. 如果老师一个地方讲错了，你怎么办?

A. 巧妙地向老师提出问题，指出讲错的地方。

B. 借回答问题来纠正老师讲课中的差错。

C. 下课后再向老师提出。

9. 如果让你当班长，在挑选班委时，你将选择哪一种人?

A. 学习很好，但只顾自己。

B. 小有缺点，但乐意为集体服务。

C. 学习好，大事做不来、小事尚能做的人。

10. 如果你来当老师，你将如何对待学生？

A. 想同学所想，通情达理。

B. 模仿现在老师的做法。

C. 有些照现在老师的做法，有些根据自己的体验。

评分

题目	1	2	3	4	5	6	7	8	9	10
A	5	1	0	0	1	5	1	5	0	5
B	0	5	5	5	5	0	5	1	5	0
C	1	0	1	1	0	1	0	0	1	1

你的总分为：________。

解释

40～50分：你是一个很有自信的人。你敢于自告奋勇地做事，但要注意讲究工作技巧。

28～38分：你有较强的自信心，并在多数情况下能应对自如，但在勇往直前时，要保持谨慎。

13～25分：你办事缩手缩脚，总怕出差错，你应设法肯定自我，增强信心。

0～10分：你给人的印象似乎是不存在的，应努力改变这种情况。

真情寄语

自信是成功的第一秘诀。

三、别让纯真的本性迷失

心灵密语

成远飞家境贫寒，因中考成绩优秀而进了一所可以免费读书的高中。进校后，她担任班里的英语课代表。第一学期期末考试，她的英语成绩仅以 1 分之差得了第二名。作为课代表，得到这样的名次，她觉得没脸见人。她因此不好意思上学，父母只好找老师商量。老师出于爱惜她，就在全班同学面前宣布，因为加错了分，少给她加了 2 分，她的面子挽回来了。她虚荣心极强，看见班里同学穿着很漂亮的衣服，也开始心动了。但父母没有钱，结果她选择了偷同学的钱，后来被老师查了出来。考虑到她的学习成绩较好，平时表现也不错，学校只给予了她“记大过”的处分。

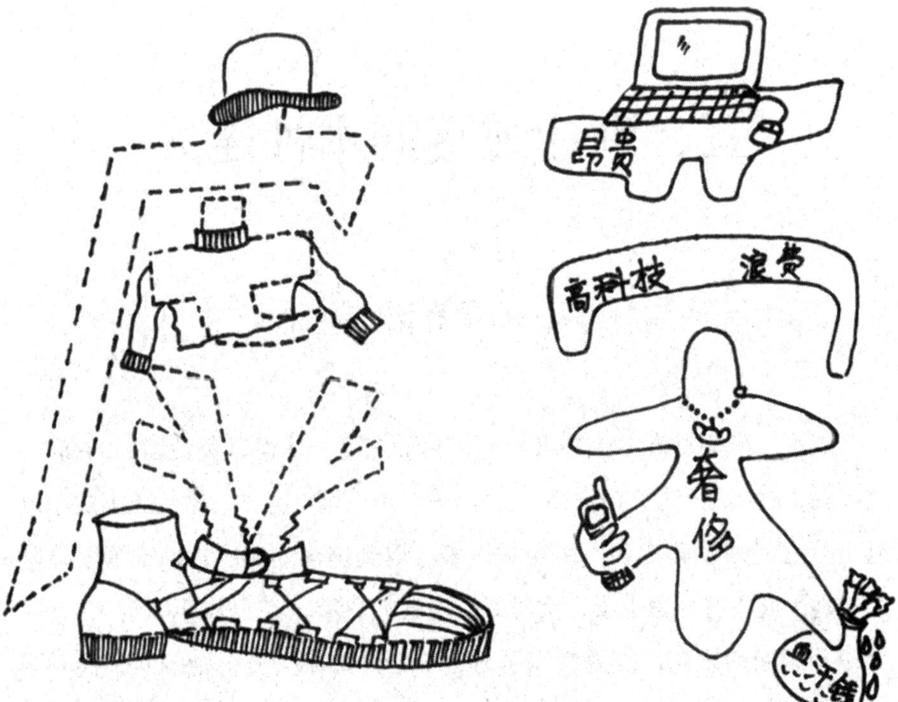
昂贵
高科技
浪费
奢侈
血汗钱

心灵解码

困扰类别：人格困惑

关键词：虚荣心

成远飞的情况明显是由虚荣心作祟而导致的恶果。虚荣心，俗话说就是“死要面子”，是以不适当的虚假方式来保护自己自尊心的一种心理状态。心理学研究认为，虚荣心是自尊心的过分表现，是为了取得荣誉和引起普遍注意而表现出来的一种不正常的社会情感。在虚荣心的驱使下，往往只追求面子上的好看，不顾现实的条件，最后造成危害。在强烈的虚荣心指使下，有时会产生可怕的动机，带来非常严重的后果。案例中的主人公就是一个较为典型的例子。

虚荣心在生活和学习中都比较常见。例如，为了得一个好分数，有面子，考试作弊；为了引得同学羡慕，过分化妆、打扮等。虚荣心与人的自尊有关，人人都有自尊心，当自尊心受到损害、威胁或过分自尊时，就可能产生虚荣心。虚荣心强的人还特爱赶时髦，崇拜偶像。虚荣心还掩盖着一种深层心理缺陷，具有虚荣心理的人，多存在自卑与心虚，只是用竭力追慕浮华以掩饰心理缺陷。

存在虚荣心，其危害是显而易见的。一方面，虚荣心强的人，易表现出嫉妒，并有破坏性行为发生，如打击、挖苦、讽刺等，不利于人格的塑造；另一方面，虚荣心强的人，难以有远大理想，由于注重眼前虚荣利益，他们一般难以把心思用在学习上，从而影响学习。另外，虚荣心强的人，一般不会有良好的人际关系。无条件地满足虚荣心，还很容易导致他们犯罪或受骗。

那么，怎样克服虚荣心呢？

心灵处方

建议 1：树立正确的人生观

一个人的价值如何，不在于他的自我感觉，而在于其行为的社会意义。只有树立正确的人生观、具有远大的人生目标，才不会为一般的荣誉、地位和一时的虚荣所缠绕，而是为更高的价值努力奋斗。

建议 2：要做到自尊与自重

做人起码要诚实、正直，绝不能为了一时的心理满足，不惜用人格来换取。有的女孩子为了满足物质需求，牺牲自己最宝贵的贞操，这是值得深思的。只有把握住自尊与自重，才不至于在外界的干扰下失去人格。

建议 3：要有自知之明

自知之明包括对自己的长处和短处都有清晰的认识。承认自己有这么多长处，坦白自己有这么多短处，实事求是地对待自己，虚荣心理的基础就会被大大削弱，许多麻烦的事情就能避免。因此，我们不仅要看到自己的长处和成绩，也要看到自己的短处和不足。只有对自己采取实事求是的态度，才能避免过高估计自己，从而克服虚荣心理。

建议 4：正确对待舆论

生活在群体之中，总免不了受到别人的品头论足。对于舆论，我们要提高辨别是非的能力。说你好，不要沾沾自喜，看看你自己是否真的好；说你坏，不要妄自菲薄，有则改之，无则加勉。别人的议论、他人的优越条件都不应当是影响自己进步的外因。只有拥有这样的自信，才能不被虚荣心驱使，成为一个高尚的人。

建议 5：对荣誉要有正确的认识

每个人都需要成就、威望、名誉和地位，但这一切都应当与一个人的真实努力相符。例如，想取得好的学习成绩，必须通过自己的刻苦努力、认真学习来实现。否则，用欺骗手段赢得的荣誉是虚假的、不光彩的，这样不仅得不到别人的尊重，还会受到他人的蔑视和否定。“善不由外来兮，名不可虚作”（屈原《九章·抽思》）。希望得到别人的尊重是正常的，但这种尊重的基础是自己有所作为，而并非无所作为、弄虚作假。否则，即使眼下得到尊重，终有一天也会露出马脚来。

建议 6：敢于暴露自己的缺点

如果你想克服虚荣心理，那么别再显示你的优点，现在的关键是学会暴露自己的缺点。一下子在所有人的面前暴露缺点，是有点儿困难，可以先选择你最熟悉、最要好的朋友，把你心里的苦闷（因虚荣而导致的）向他们倾诉，跟他们说说你的缺点。你会发现这原来并不难，说出来之后还会感到轻松、解脱，且以后不容易再犯同样的错误。

最后，从今天开始说真话、实事求是。相信通过努力，用不了多久你就能克服虚荣心理了。

趣味心理测试

你的虚荣心有多强

指导语：下面是有关虚荣心的测试题，请你根据自己的实际情况，选择符合自己的答案。

Q1. 上公车时掉了 10 元钱在车外，你会下车去捡回来吗？

是——转到 Q5

否——转到 Q2

Q2. 在外面吃饭，常常剩下很多？

是——转到 Q3

否——转到 Q7

Q3. 买礼物送人时，通常不挑实用的而是挑好看的。

是——转到 Q4

否——转到 Q7

Q4. 不管是衣服还是小东西，你都爱买名牌。

是——转到 Q8

否——转到 Q11

Q5. 笑的时候喜欢张大嘴。

是——转到 Q6

否——转到 Q7

Q6. 朋友如果没有事先告知突然来访，你会很生气。

是——转到 Q7

否——转到 Q9

Q7. 买不起的东西，就算分期付款也要买。

是——转到 Q4

否——转到 Q8

Q8. 多次因受不了店员推销而买下商品，回到家却后悔。

是——转到 Q11

否——转到 Q9

Q9. 爱算命，但是不喜欢在算命的地方被朋友看到。

是——转到 Q11

否——转到 Q13

Q10. 身上只带了 300 元，有朋友向你借 500 元时，你会说忘记带钱包出来，而不是坦白说钱不够。

是——转到 Q15

否——转到 Q13

Q11. 参加聚会时，发现别人穿得都比你时髦，你会很早离开。

是——转到 Q15

否——转到 Q10

Q12. 对于第一次见面的人，你会很好奇地问对方的学习成绩和家庭情况。

是——转到 Q16

否——转到 Q15

Q13. 很少出国旅行，一旦出国，就一定要住一流的酒店。

是——B 型

否——A 型

Q14. 你非常向往金童玉女、舒适又多金的婚姻。

是——C 型

否——B 型

Q15. 你很在意别人的眼光和评价。

是——转到 Q16

否——转到 Q14

Q16. 买东西的时候，即使是很低的价格，你都会用大钞请人找钱给你。

是——D 型

否——C 型

解释

A 型：虚荣心强度 10%。

不管周围现在流行什么，你都不太在意。你甚至会觉得一天到晚比来比去是一件很无聊的事情，还是自己的心情最重要，没有必要去管别人怎么想。

B 型：虚荣心强度 40%。

你是一个虚荣心不怎么强的人。虽然偶尔也会买一些昂贵的东西，但都在你的经济许可范围内，你认为有必要才买。不过，有时候你会为了不扫对方的兴，而去迎合别人做一些令自己不开心的事情。

C 型：虚荣心强度 70%。

你除了虚荣心强，自尊心也很强，是一个不愿意认输的家伙。你非常在意周围的人怎么看你，总是装着一副很幸福快乐的样子。你被自己好强的心理牵着走，形成了现在偏差的个性。放松一点吧，朋友。

D 型：虚荣心强度 90%。

也许你自己并不觉得，但你甚至会为了夸耀自己，而不惜说谎欺骗别人。小心，牛皮总有一天是会吹破的！到时候再也没有人会相信你。

真情寄语

虚荣者注视自己的名字，光荣者注视祖国的事业。

四、别让嫉妒吞噬心灵

心灵密语

初二某班的马大帅与熊鹏飞发生了打架事件。初一时，两人分别以优异的成绩考入了同一所重点学校，而且被分在了同一个班。开学时班里进行班委竞选，马大帅当上了班长，熊鹏飞当上了副班长。本来两人应好好合作，为班级服务，但开学的第一次月考熊鹏飞的成绩比马大帅要好得多，使马大帅心生嫉妒。不久，学校初中部学生会开始竞选，两人分别作为候选人参加竞选，结果熊鹏飞演讲出色，被选为学生会副主席，而马大帅却只得了个纪检部副部长，这使他更加嫉妒了。他一直忍着，在学生会里工作时也不是很积极，甚至多次跟学校领导反映想退出学生会，而熊鹏飞则因工作出色被评为“年度市级优秀学生干部”。初二上学期的第一次月考过后，学校初中部进行了学生会改选，熊鹏飞因工作突出高票当选学生会主席，马大帅则因工作不积极并多次跟领导申请要退出学生会失去了

参选机会。到了初二，马大帅也没有再次连任班长。此时，作为“平民”的马大帅极看不惯熊鹏飞，在嫉妒心理的推动下，马大帅找了一帮“酒肉朋友”狠狠地揍了熊鹏飞一顿，结果当即被学校开除了。

心灵解码

困扰类别：人格困惑

关键词：嫉妒

马大帅的内心所产生的就是一种强烈的嫉妒心理。嫉妒心理作祟导致了他后来的不理智行为，直至被学校开除。从心理学角度分析，嫉妒是一种病态心理，是当看到别人在某些方面高于自己或顺利时，产生的一种由羡慕转为恼怒嫉恨的情感状态。嫉妒的范围很广，包括嫉人、嫉事、嫉物。嫉妒的手段也多种多样，如有的人挖空心思采用流言蜚语进行恶意中伤，有的人付诸卑劣的手段或行动。根据嫉妒发生的速度与强度可分为两种，一种同激情相联系的嫉妒，称为“激性嫉妒”。这种嫉妒带有强烈的激情性质，来势凶猛、发展迅速、难以控制。另一种与心境相联系，被称为“心境嫉妒”。这种嫉妒缓慢而持续，对人的影响不如前一种明显，但会改变人的性格，主要表现为郁郁寡欢、忧心忡忡，产生孤独情绪，乃至积愤成疾。

嫉妒心理产生的根源是极端个人主义思想在作祟。有极端个人主义思想的人，一事当前先替自己打算，对个人利益斤斤计较；自崇心理强烈，认为自己天下第一，习惯于贬低别人，容不得他人强于自己；心胸狭窄，心境阴暗，很多想法都见不得人。嫉妒破坏友谊、损害团结，既会给他人带来损失和痛苦，又会贻害自己的心灵和身体。因此，必须坚决、彻底地与嫉妒心理告别。

心灵处方

建议 1：认清嫉妒的危害

嫉妒的危害，一是打击了别人，二是也伤害、贻误了自己。遭到别人嫉妒的人自然是痛苦的。嫉妒别人的人，一方面影响自己的身心健康，另一方面由于整日沉溺于对别人的嫉妒之中，没有充沛的精力去思考如何提高自己，也耽误了自己的前途，一举多害。思想上有了深刻的认识，对其危害性才会产生厌恶情绪，也才会在行动上与之决裂。因此，认清嫉妒的危害，是克服嫉妒心理的第一步。

建议 2：学会悦纳他人

“三人行，必有我师焉。”这是劝诫我们要谦虚谨慎，善于发现他人的优点，并向他人学习。而要这样做，首先得学会悦纳他人。悦纳他人，需要的是客观、公正的眼光，以及与人为善的做人准则。悦纳他人，还应正确评价他人，要看到别人取得的成绩中蕴含着辛勤努力。对于别人的成绩，一种态度是嫉妒、贬低、攻击，试图以此抬高自己；一种是无视事实，抱无所谓的态度；一种是奋起直追，你行我更行。显然第三种态度才是积极的。这种态度不仅能熄灭嫉妒之火，而且还会迸发出奋进之光，通过努力，缩小自己与别人的差距才是上策。

建议 3：加强自身修养

嫉妒的产生是由个人心理结构中“我”的位置过于膨胀导致的。应有意识地多读一些内容丰富、情操高尚的书籍，多听一些格调高雅的音乐，加强修养，学会有意识地控制自己的感情。懂得了“心底无私天地宽”的道理，就会消除或减少嫉妒心理。每个人都有自己的长处，不能因为自己有所短而害怕别人超过自己，你的成绩也不应该成为别人进步的障碍。对同学任何方面的成绩或进步要持欣赏的态度，这种良好的心态是健康人格的反映。

建议 4：挖掘自身潜能

聪明人会扬长避短，寻找和开拓有利于充分发挥自身潜能的新领域，这样能在一定程度上弥补先前没能满足的欲望、缩小与嫉妒对象的差距，从而达到减弱乃至消除嫉妒心理的目的。一个人在嫉妒别人时，总是注意别人的优点，却忽视自己比别人强的地方。其实任何人都有不如别人的地方，当别人在某些方面超过自己时，可以有意识地想一想自己比对方强的地方，这样就会使自己失衡的心理天平重新恢复到平衡的状态。

建议 5：充实自己的生活

如果我们日常节奏很紧张，生活过得很充实，就不会让精力被妒火烧毁。因此，积极参与各种有益的活动，努力学习，使自己真正充实起来，嫉妒就不会滋生、蔓延。牢牢记住“铁生锈则坏，人生妒则败”的真理，把嫉妒从生活的词典里驱赶出去。

建议 6：学会公平竞争

竞争是一种激励人奋进的过程，而不应该成为目的。若把竞争本身作为目的，便会使人过于看重结果，很容易引发不择手段、不讲规则的行为。比如，无计可施便会中伤被嫉妒者，或采取其他恶劣手段发泄嫉妒心理。同学们必须明白：凡是竞争总有输赢，不能把竞争的目的只放在输赢上，而是要总结竞争的过程，从中发现自己输或赢的原因，从中体会竞争的乐趣、品味竞争的规律，这样通过输和赢的心理体验形成健康的心理品质。

建议 7：学会自我宣泄

最好能找知心朋友或亲人痛痛快快地说个够，他们能帮助你阻止嫉妒朝着更深的程度发展。另外，可借助各种业余爱好来宣泄和疏导，如唱歌、跳舞、练书法、下棋等。

总之，对别人产生了嫉妒并不可怕，关键要看你能不能正视嫉妒。建议同学们不妨借助嫉妒心理，去奋发努力，升华这种嫉妒之情，把嫉妒转化为成功的动力，化消极为积极，超越别人，战胜自己！

趣味心理测试

你嫉妒别人吗

指导语：请根据最近的情况，在五个备选答案中选出最符合你情况的答案，并填入括号。A. 非常符合；B. 有些符合；C. 介于符合与不符合之间；D. 有些不符合；E. 非常不符合。

1. 公布成绩时，别人的成绩比我好，我心里就非常不舒服。（　　）
2. 当我的同学取得好的成绩时，我真心替他们感到高兴。（　　）
3. 多数人都自命不凡，从不正视自己的缺点。（　　）
4. 其实，每一个人都既有缺点，又有优点。（　　）
5. 我总是希望我有的东西别人都没有。（　　）
6. 每一个同学都有值得我学习的地方。（　　）
7. 我不能容忍别人超过我。（　　）
8. 我也有许多值得别人羡慕的优点。（　　）

评分

单号题：选 A 计 1 分，选 B 计 2 分，选 C 计 3 分，选 D 计 4 分，选 E 计 5 分。双号题：选 A 计 5 分，选 B 计 4 分，选 C 计 3 分，选 D 计 2 分，选 E 计 1 分。将各题得分相加，算出总分。

你的总分为：______________。

解释

总分在 8 ～ 40 分，分数越低，表示嫉妒心越重。

真情寄语

用欣赏的眼光去看待别人的优点，用自强不息去争取自己的进步，远离嫉妒这片盛产不幸的土地吧！

第六章

应试技巧

♪ 无限

♪ 呼唤

一、避免“小”矛盾影响“大”心情

心灵密语

自进入高三下学期以来，紧张的学习、烦闷的心情让徐婧的精神状态不太好，同学间的一些小矛盾经常困扰着她。烦躁的心情使得她将这些问题看得很复杂，从而严重影响了她的高考复习。这让她十分苦恼，难以自拔。

心灵解码

困扰类别：高考综合征

关键词：人际交往

同学们在一起生活，加之紧张的学习，难免会出现摩擦、矛盾、冲突，造成关系的紧张和思想上的不愉快。和同学闹僵后，如何调适自己的情绪，是摆在大家面前的一个难题。处理不好与同学、老师、家人的关系，势必将直接影响到高三学生高考的临场发挥。

高三阶段，同学们大部分时间都是在学校度过的。因此，与朝夕相处的同学建立起良好的同学关系，树立相互理解、相互支持和相互帮助的观念，对战胜困难、决胜高考至关重要。

心灵处方

建议 1：宽容谅解

同学间很少有恶意的攻击，所以同学间要能彼此理解和容忍对方的一时之举。

建议 2：真诚主动

发生矛盾之后，有些同学因负气不愿主动与对方交往，一是顾及自己的面子，二是担心对方不接受反而更尴尬。其实，只要机遇把握得好，双方的不愉快很容易化解。例如，对方生病时，主动去看望；对方考试失利时，主动过去劝解等。

建议 3：保持平衡

如果与同学闹僵了，不要总是试图让两人的关系恢复如初，因为这时双方的心理都处于一种适应阶段，适当的疏淡是与此时的关系程度更相适应的相处方式。

建议 4：巧用淡化

在和同学闹僵后，不要耿耿于怀、喋喋不休；也不要总是旧事重提，希望求得相互谅解，因为这容易把刚刚长好的伤口重新揭开。这时，如果能淡化以前的不愉快，重新找一些共同话题，时间一长，双方关系的重建也就水到渠成了。

最后，同学们在应对高考压力时，除了应注意处理好同学关系，还应主动加强与老师、父母的沟通，争取更多的心理支持，为高考成功奠定良好的心理基础。

趣味心理测试

同学关系行为困扰测评

指导语：本测试可用来帮助你了解自己与朋友的关系，了解自己在与同学相处过程中存在哪些行为问题。请对下列说法做出“是”或“否”的判断。

1. 关于自己的烦恼有口难言。　是○　否○
2. 和生人见面会感觉不自然。　是○　否○
3. 过分地羡慕和嫉妒别人。　是○　否○
4. 与异性交往太少。　是○　否○
5. 对连续不断的会谈感到困难。　是○　否○
6. 在社交场合会感到紧张。　是○　否○
7. 时常伤害别人。　是○　否○
8. 与异性交往时感觉不自然。　是○　否○
9. 与一大群朋友在一起时常感到孤寂或失落。　是○　否○
10. 极易受窘。　是○　否○

11. 与别人不能和睦相处。　　是○　否○

12. 与异性相处时不知道如何适可而止。　　是○　否○

13. 当不熟悉的人对自己倾诉他的生平遭遇以求同情时，自己常觉得不自在。

是○　否○

14. 担心别人对自己有什么坏印象。　　是○　否○

15. 总是尽力使别人赏识自己。　　是○　否○

16. 暗自思慕异性。　　是○　否○

17. 时常避免表达自己的感受。　　是○　否○

18. 对自己的仪表（容貌）不自信。　　是○　否○

19. 讨厌某人或被某人所讨厌。　　是○　否○

20. 瞧不起异性。　　是○　否○

21. 不能专注地倾听。　　是○　否○

22. 自己的烦恼无处可诉。　　是○　否○

23. 受别人的排斥。　　是○　否○

24. 被异性瞧不起。　　是○　否○

25. 不能广泛地听取各种意见。　　是○　否○

26. 自己常因受伤害而暗自伤心。　　是○　否○

27. 常被别人谈论、愚弄。　　是○　否○

28. 与异性交往时，不知如何更好地相处。　　是○　否○

评分

Ⅰ	题目	1	5	9	13	17	21	25	小计
	分数								
Ⅱ	题目	2	6	10	14	18	22	26	小计
	分数								
Ⅲ	题目	3	7	11	15	19	23	27	小计
	分数								
Ⅳ	题目	4	8	12	16	20	24	28	小计
	分数								

选“是”计 1 分，选“否”计 0 分，你的总分为：______________。

解释

总分 0 ～ 8 分：说明你与同学相处的困扰较少。

总分 9 ～ 14 分：说明你与同学相处存在一定程度的困扰。

总分 15 ～ 19 分：说明你与同学相处的困扰较多。

总分 20 ～ 28 分：说明你与同学相处存在严重的困扰。

记分表Ⅰ横栏上的小计分数，表明你在交谈方面的行为困扰程度。

6 分及以上：不善于交谈。

3 ～ 5 分：交谈能力一般。

0 ～ 2 分：有较强的交谈能力和技巧。

记分表Ⅱ横栏上的小计分数，表示你在交际与交友方面的困扰程度。

6 分及以上：困扰较多。

3 ～ 5 分：交际与交友较被动。

0 ～ 2 分：困扰少，为人真诚、热情。

记分表Ⅲ横栏上的小计分数，表示你在待人接物方面的困扰程度。

6 分及以上：缺乏待人接物的机智与技巧。

3 ～ 5 分：待人接物能力较好。

0 ～ 2 分：待人接物能力强。

记分表Ⅳ横栏上的小计分数表示你与异性朋友交往的困扰程度。

5 分及以上：存在较严重的困扰。

3 ～ 4 分：困扰程度一般。

0 ～ 2 分：较懂得正确处理与异性同学、朋友的关系。

真情寄语

道义相砥，过失相规，畏友也；
缓急可共，死生可托，密友也；
甘言如饴，游戏征逐，昵友也；
利则相攘，患则相倾，贼友也。

二、复习时，容易走神怎么办

心灵密语

徐立现在已经进入初三的第一轮总复习。他有一个不好的习惯，就是在复习的时候容易走神，注意力很不容易集中。拿上课来说，他眼睛盯着老师，听着听着，思想却不知溜到哪儿去了，结果老师讲什么也没听清。做练习时也是这样，东摸一下、西摸一下，注意力老集中不起来。结果时间也花了，效果却很差。有时注意力能稍微集中一下，但没过多久又想到其他的地方去了。为此他很苦恼，不知道该怎么办。

心灵解码

困扰类别：考前综合征

关键词：走神

他的问题确实是个很现实的问题，不少同学都为此而苦恼。凡是容易走神的人，都会像他这样时间花了不少，却收效甚微。因为我们不论是要看清一样东西、听明白一件事，还是要记住一桩事情、一个问题，都必须集中注意力，否则，就会视而不见，听而不闻，食而不知其味。那么，怎么样才能集中注意力呢？造成走神的原因是多方面的，要想克服走神的毛病，必须先找一找原因，想想自己为什么不能集中注意力，这样才能对症下药，有的放矢地去克服走神的毛病。走神大致有以下几种原因：第一，心理压力过大，过度紧张和焦虑；第二，外界环境的干扰；第三，对所学的东西（和所做的事）不感兴趣；第四，自控能力差；第五，睡眠不足，大脑得不到充分的休息，过度疲劳；第六，情绪波动。

心灵处方

建议 1：明确任务，专心听课

一节课刚开始时，老师往往会明确提出本节课所要完成的任务和要求要达到的目的。同学们一定要一一记住，并根据这些要求认真听好老师的课。这样，带着一定的任务听课，注意力就容易集中了。同学们的学习主要是通过课堂教学来完成的，但是有些同学没有把握好这一重要的学习机会，他们往往寄希望于课后自己看书来解决老师所讲的问题。在这种思想的支配下，他们上课也就并不要求自己集中精力去认真听课，结果将宝贵的时间白白浪费掉。因此，同学们应珍惜上课的宝贵时间，保证将注意力集中到课堂上来。

建议 2：排除干扰，努力专心

如果是在家复习，就要注意以下几点：第一，把房间里容易让自己分心的东西移走，如玩具、游戏机等，也尽量不要上网或者打游戏。第二，在自己规定的复习时段关闭手机或将手机静音，最大限度地排除干扰。第三，复习最怕懈怠，避免进行不科学、不理智、无计划的无效复习。因此，应该制订出一份书面计划，把要做的事情详细规划一下。如果是一些大型的考试，已经不能以天为单位来做计划了，要以小时为单位制订各科的复习计划。第四，中间最好能抽出几分钟来休息，可以到室外走一走，深呼吸一下。第五，在复习时手上一定要拿好一支笔，随时圈圈点点，做些笔记。如果是文科最好能够读出来，特别是语文和英语，还可以培养语感。

建议 3：加强意志，提高自控

自我控制能力是意志力的一种表现。需要我们注意的东西不一定都是我们感兴趣的。对于不感兴趣的事，我们必须经过意志努力，才能对它集中注意力。所谓“与分心作斗争”，实际上就是依靠意志力进行自我控制的能力。上课坐几十分钟难免辛苦，也难免会有各种干扰，这时同学们要凭意志力来自我约束、自我监督、自我控制，把注意力自始至终集中到听课上来。

建议 4：适度休息，充足睡眠

过于疲劳也是注意力不能集中的原因之一。生活要有规律，要按时作息，并且要改正看电视或玩游戏到深夜的习惯，不要让无聊的事耗费宝贵的精力，以保证有充沛的精力来满足学习的需要。在感到疲劳时，与其硬撑，倒不如休息一下。休息后，由于精力充沛、注意力集中，工作和学习往往可以事半功倍。

建议 5：稳定情绪，心平气和

不管是高兴还是生气，情绪波动也时常会导致注意力不能集中。在情绪波动状态下，即使集中注意力去做些平时很感兴趣的事也是困难的。因此，遇到这种情况，一定要使自己的情绪稳定下来，其中一个重要的方法是使自己的注意力尽快从引起情绪波动的事件上转移，待情绪平复了再去复习。

另外，平时还可经常做放松训练。从现代心理学的观点看，静思是协调注意力的好方法。如果希望注意力更集中，那么同学们需要让自己的心灵更宁静，不是说完全没有杂念，而是说尽可能减少左右为难的心理冲突。

趣味心理测试

心理疲劳程度测试

指导语：阅读下列每个题目，判断自己是否具有这一特征。

1. 早上起来就觉得难受。　是〇　否〇
2. 眼看汽车进站，也懒得跑几步赶上去。　是〇　否〇
3. 上楼梯容易绊倒。　是〇　否〇
4. 不愿与老师或众人见面。　是〇　否〇
5. 难以顺利完成作文。　是〇　否〇
6. 说话声细，连不成句。　是〇　否〇
7. 不知不觉喜欢用手托两腮靠在桌子上。　是〇　否〇
8. 总想喝大量提神的饮料。　是〇　否〇
9. 非常喜欢在饭菜中加上香辣的调料。　是〇　否〇
10. 总觉得手发僵。　是〇　否〇
11. 眼睛总像睁不开似的。　是〇　否〇

12. 哈欠打个不停。　　是○　否○

13. 连好朋友、好同学的电话号码也记不起来。　　是○　否○

14. 总想把脚放在桌椅上歇歇。　　是○　否○

15. 体重不知不觉地降了下来。　　是○　否○

16. 容易拉肚子或便秘。　　是○　否○

17. 难以入睡。　　是○　否○

解释

如果有 1 ～ 2 个题目回答“是”，说明你有轻微的心理疲劳，需要多注意休息调节；如果有 3 ～ 4 个题目回答“是”，说明你有中等程度的心理疲劳，心理疲劳是学习效率下降和多种疾病的诱因；如果有 5 ～ 6 个题目回答“是”，那么你可能有较严重的心理疲劳，应引起重视。

如果想缓解心理疲劳，应尽快使自己的生活变得规律起来，注意睡眠并加强营养。

真情寄语

非宁静无以致远。

三、迷茫与困惑的高三生活，你应这样走过

心灵密语

虽然高三上学期快结束了，但司广涛再也忍受不了迷茫与困惑的高三生活，鼓起勇气敲开了学校心理咨询室的门。“高老师，自进入高三以来，我感觉时间非常紧，经常不够用。现在我们正在进行第一轮复习，复习时我总有一种患得患失的迷茫与困惑，一会儿觉得自己信心百倍可以取得好的成绩，一会儿又觉得自己是盲目乐观，因为每天都有那么多的练习题让我做到想吐。对于步入高三的感觉，我也说不太清楚，惶恐、担心、乐观、无奈、迷茫……种种滋味交织在一起，有时感到前路一片光明，但这种感觉往往又迅速被另一种感觉取代，就像玩转盘游戏，永远不知自己会转到哪一格。总的来说，我的高三生活是压抑的。我并不是惧怕课业的繁重，更不是害怕考试成绩不好，折磨人的是内心的焦灼，是一种对未知的

困惑，仿佛一切都没有盼头，唯独大学才是拯救我的灵丹妙药。”

心灵解码

困扰类别：考前综合征

关键词：迷茫、困惑

司广涛遇到的这种问题，是高三学生的一个通病，相当多的高三同学都与他有同样的感受和体验。其实高三的年龄阶段本身就是处在一个困惑的时期，有着自己的理想，但又会因担心前途而感到迷茫，这是高三很正常的一种现象。但这种迷茫和困惑时刻缠绕着同学们，影响着同学们的学习和生活，所以需要想办法克服和解决。那么，大家需要做些什么，才能让自己的高三学习和生活变得不再迷茫、不再困惑呢？

心灵处方

建议 1：树立目标，持之以恒

相当多的同学提到自己的目标是希望自己能够考人理想的大学。没错，这是同学们的学习目标。但是，这个学习目标对于高三同学来说，还有些遥远。如果为一个目标奋斗的时间太长，人往往会变得有些懈怠，总感觉高考还早，因而就会滋生学习上的惰性。因此，制订相对较近而又符合自己实际的目标就显得十分重要。为了让自己有着持续向上的动力，你需要把考上大学这个大目标分解，并确定为每月、每周甚至于每天的目标。对它们的要求必须是清晰的、具体的，而且是你自己通过努力能够完成的。当你每天都在为自己的小目标奋斗时，你会发现自己正在享受着这样一个过程：你是在为实现自己的人生理想而不断向前的。

建议 2：正确归因，增强自信

高三紧张的复习与考试往往会极大地考验同学们的学习积极性和自信心。处理得不好，也许就会使你失去学习的热情，变得一蹶不振，倒在高考的大门外。因此，自信心在这个时候对大家的学习起着一种保驾护航的作用。要增强自信心，首先要学会正确合理地归因，理性地看待每次考试的成绩。不要因为某一次考试成绩不理想就惊慌失措、内疚自责，而应客观地分析自己学习与考试的利弊得失，只有这样才有利于调动你的学习积极性，帮助你争取下一次考试的成功。

建议 3：制订计划，找到方法

高三的复习相比高一和高二来说，在学习方法上更加强调系统性和计划性。高三的学习更应做到有条理，最好先制订一个学习计划，而且这个计划最好与自己的长期和短期的目标结合起来。考虑到各科老师都有自己的安排，所以你的计划最好也跟老师的计划能够步调一致。高中的学习方法一般可概括为“四个先后，两个及时”：先预习后上课，先听讲后笔记，先理解后记忆，先复习后作业；及时复习，及时纠错。这些实际上就是一些最基本的学习规律在高三复习中的具体表现，如“学前准备”、“学后巩固”和“反思提高”等。当然，结合自身的实际，通过调整，找到适合自己的学习方法会帮助你在学习上达到事半功倍的效果。

建议 4：加强沟通，保持交流

闲暇时间多加强与同学的沟通和交流是减轻高三学习压力的一种好方法。对于同处在高三备考阶段的战友来说，大家确实存在竞争，但更多是相互帮助和支持。唯有这样大家才能同舟共济，共同度过这迷茫与困惑的高三生活。

高三固然任务繁重，但并不意味着这是难以背负的压力。它是一种快乐，一种拼搏的快乐！走在高三，大家不可以有任何的退却与畏缩，必须勇敢面对。请记住：“自助者天助”，“命运总是偏袒那些勇于付出的人”。最后，我将汪国真的《热爱生命》送给所有今年参加高考的同学：

我不去想是否能够成功
既然选择了远方
便只顾风雨兼程
……

趣味心理测试

抗压能力测试

指导语：请仔细阅读下列文字，然后根据你最近一星期的实际情况，选择符合自己的选项，并填入括号中。每题均有四个答案供选择：A. 没有或很少时间；B. 少部分时间；C. 相当多时间；D. 绝大部分或全部时间。

1. 我觉得比平常更容易紧张或着急。（　　）
2. 我无缘无故地感到害怕。（　　）
3. 我容易心里烦乱或觉得惊恐。（　　）
4. 我觉得我可能要发疯。（　　）
5. 我觉得一切都很好，也不会发生什么不幸。（　　）
6. 我手脚发抖、打颤。（　　）
7. 我因为头痛、颈痛和背痛而苦恼。（　　）
8. 我感觉容易疲乏。（　　）
9. 我感觉心平气和。（　　）

10. 我觉得心跳得很快。（　　）

11. 我因为一阵阵头晕而苦恼。（　　）

12. 我觉得要晕倒似的。（　　）

13. 我吸气、呼气都感到很容易。（　　）

14. 我的手脚麻木和刺痛。（　　）

15. 我因为胃痛和消化不良而苦恼。（　　）

16. 我常常要小便。（　　）

17. 我的手脚常常是干燥、温暖的。（　　）

18. 我脸红发热。（　　）

19. 我容易入睡并且一夜睡得很好。（　　）

20. 我会做噩梦。（　　）

解释

第 1、2、3、4、6、7、8、10、11、12、14、15、16、18、20 题：选A得1分，选B得2分，选C得3分，选D得4分；第5、9、13、17、19题：选A得4分，选B得3分，选C得2分，选D得1分。将20道题得分相加，乘以 1.25 以后取整数部分，就得到标准分。标准分为 25 ~ 100 分，标准分越低，代表抗压能力越强。

真情寄语

张而不弛，文武弗能也；弛而不张，文武弗为也。一张一弛，文武之道也。

四、重树信心　轻松迎考

心灵密语

高考二模考试刚结束，心理热线就响个不停。有一部分同学考试成绩出现了波动，他们非常着急。王雯雯就是其中比较典型的一位。她是来自高三文科班的学生，学习勤奋，平时成绩都比较稳定，在一模考试中考了524分。但在这次模考中，总成绩退步了近40分，其中数学考试成绩出现了很大的滑坡，才考52分。这个成绩让她内心非常恐慌，她觉得自己在今年的高考中可能很难上二本线了。

数学
52分

心灵解码

困扰类别：考前综合征

关键词：心理复原力

模拟考试是自我测验的重要手段，可以帮助同学们了解自己复习的效果，以便发现知识漏洞，及时查漏补缺，使自己的知识准备更充分、扎实。至于考试所得的分数需要做具体分析，有时分数不能完全判断出学习的全部真实面貌。分析找到考试失利的真正原因，分清主观原因和客观原因，在分析原因的基础上，努力找到解决问题的办法。由各种原因导致的心理挫败感，对于心理复原力强的同学来说，很快就能调整自己的心态，走出困境。而对于那些心理复原力弱的同学来说，就需要很长一段时间才能调节自己的心理，但日益临近的高考又容不得大家用很长的时间去调节。那么，应如何在最短的时间里迅速调整自己的心态、全身心地投入紧张的高考复习中去呢？

心灵处方

建议 1：巧用责任“推诿”

有些性格内向的同学，特别是存在自卑心理的同学，在考试失利后常常一味自责，把失败的所有原因都归咎于自己的不努力，因此背上沉重的思想包袱，加重了心理负担，影响了学习。这类同学就需要用责任“推诿”的办法缓解自己内心的压力，即找出客观上的理由来为自己考试失利辩护，把失利的部分责任转嫁给外界，避免过于自责增加心理负担，丧失学习的自信心。

建议 2：避免恶性循环

考试遭遇失败，难免产生失落感。而随失落感所衍生的情绪反应，会使人悲观、失望、丧失信心，甚至愤世嫉俗，出现各种不平衡心理状态。这时要抽出身来，避免坏情绪的恶性循环。吃不到葡萄时可以适当想想葡萄的酸味，以求得心理放松和复原。

建议 3：积极自我暗示

告诉自己：“塞翁失马，焉知非福”，很多时候，一时的失去，反而是长久的获得。只要不断提醒自己要用乐观心态面对，郁闷的感觉自然会逐渐消失。自己心态不好的时候写一个纸条放在桌子上告诉自己镇静、沉着，这些积极的词语会帮助你提高信心。

建议 4：取得心理支持

当被高考压力所困时，遇到没考好、烦恼和不顺心的事，切勿忧郁压抑、把心事深埋心底，而应将这些烦恼向心理老师、学科老师、同学、家人倾诉。对于临近高考的高三同学来说，学习和考试似乎是一对不可避免的矛盾，应该学会将压力在二者之间巧妙地转移和释放，让学校心理辅导室、教室、宿舍和家等成为心理复原的港湾。

建议 5：回忆成功经历

当自己被模拟考试失利带来的不愉快心情所困扰时，应努力使自己的注意力从考试失利的情景中转移，多回忆自己过去的成功经历。想想自己以往曾经考得最满意、感觉最好的那些考试结果，从内心重新体验一下当时愉快的心境。想到自己过去也有辉煌的成绩，自然会增添自信，使得原来的担心和不安被平静愉悦的心情及时替代。

准备参加高考的同学，犹如在参加一场赛跑，在高考结束之前，胜负尚难决定；要看谁笑到最后，关键在自己的努力。过分自责、丧失信心无异于雪上加霜。同学们可以通过以上的心理调节方法，来恢复考试暂时受挫后的心理失衡。要坚定信心，发奋努力，化挫折为前进的动力，变自卑为自信，变失望为希望，放下心理包袱，轻装上阵。

趣味心理测试

焦虑程度测试

指导语：判断下面每道题在多大程度上符合你自己的状况，选出符合自己的答案，并填入括号中。A. 很少是这种情况；B. 部分时间是这样；C. 大多数时间是这样；D. 总是如此。

1. 我吃饭很香，胃口很好。（　　）
2. 对于学习我感到忧心忡忡，就怕考不好。（　　）
3. 我特别容易感到疲劳和乏力。（　　）
4. 我的睡眠不太好，睡得不香。（　　）
5. 我感到心情平静，很少静不下心来学习。（　　）
6. 我最怕家长和我谈学习问题。（　　）
7. 我感到头昏脑胀。（　　）
8. 我感到肠胃不舒服。（　　）
9. 我的呼吸顺畅而自然。（　　）

10. 我容易心烦意乱，十分烦躁。 （ ）

11. 我容易因一点小事生气或发火。 （ ）

12. 我的手总是温暖而干燥。 （ ）

13. 我感到时间特别紧张，总觉得时间不够用。 （ ）

14. 我容易入睡，睡得很好。 （ ）

评分

第 1、5、9、12、14 题：选 A 计 4 分，选 B 计 3 分，选 C 计 2 分，选 D 计 1 分。其余题目：选 A 计 1 分，选 B 计 2 分，选 C 计 3 分，选 D 计 4 分。各题得分相加，即是你的总分。

你的总分为：______________。

解释

24 ～ 31 分：轻度焦虑。

32 ～ 39 分：中度焦虑。

40 分及以上：重度焦虑。

真情寄语

当一个人的压力最大时，效率一定最高；当一个人最忙时，学的东西一定最多；当一个人最惬意时，往往是失败的开始。

·参考文献·

班华 . 1994. 心育论 . 合肥：安徽教育出版社 .

黄希庭 . 1999. 中学生心理健康：学生读本 . 北京：新华出版社 .

雷雳 . 2004. 高中生心理健康指导手册 . 北京：科学出版社 .

李百珍 . 1997. 青少年心理卫生与心理咨询 . 北京：北京师范大学出版社 .

林孟平 . 1988. 辅导与心理治疗 . 增订版 . 香港：商务印书馆（香港）有限公司 .

刘华山 . 1998. 学校心理辅导 . 合肥：安徽人民出版社 .

刘希庆 . 2004. 你会学习吗：提高学业成绩的技巧 . 北京：科学出版社 .

刘晓明 . 2000. 学校心理咨询百科全书·方法卷 . 长春：吉林人民出版社 .

卢佳 . 2004. 你了解自己的身体吗：写给女孩 . 北京：科学出版社 .

莫雷 . 2003. 青少年心理健康教育 . 上海：华东师范大学出版社 .

汪向东，王希林，马弘 . 1999. 心理卫生评定量表手册 . 增订版 . 北京：中国心理卫生杂志社 .

王建平 . 2004. 中学心理健康教育案例指导解读 . 北京：中国林业出版社 .

徐守森 . 2004. 你会交往吗：沟通的艺术 . 北京：科学出版社 .

杨宝宏 . 2000. 学生心理健康教育全书 . 北京：长城出版社 .

余强基 . 2001. 当代青少年学生心理障碍与教育 . 北京：北京师范大学出版社 .

岳晓东，祝新华 . 2001. 中小学心理辅导实用理论与技巧 . 北京：北京师范大学出版社 .

张洁 . 2004. 你会调控自己的情绪吗：快乐掌握在你的手中 . 北京：科学出版社 .

郑日昌 . 1994. 中学生心理诊断 . 济南：山东教育出版社 .

《青春期心理测试与辅导》编写组 . 2002. 青春期心理测试与辅导 . 北京：中国时代经济出版社 .

Madaras L，Madaras A. 2003. 青春期：写给女生 . 王大凯译 . 北京：中国轻工业出版社 .

·后记·

“中小学生心灵自助丛书”从构思、写作到出版经历了整整十年的时间，是我们在一线从事心理健康教育工作的一个思考和总结。丛书自2007年4月首次发行以来，得到了广大读者的热心支持，我们收到了很多热心读者的来信。本次修订吸纳了大家的建议，对书稿内容进行了完善，并对因政策调整导致的过时内容进行了修改。希望你们喜欢并从中受益。

众所周知，中小学心理健康教育的最高目标就是培养学生“助人自助”能力。我们这套书就是为了达成这一目标而努力的，期盼读者能从书中获得您所需要的各种心理健康知识、心理调节技巧和方法，从而更好地了解自我、认识自我、调节自我、发展自我，真正达到“助人自助”的目的。

“中小学生心灵自助丛书”自出版以来多次再版和重印。这是大家对我们辛勤耕耘的最大肯定和鼓励，我们将继续努力写出更好的读物回赠大家。

需要特别感谢的是，丛书出版后，得到了各级教育行政部门的肯定和支持。丛书2010年参加桂林市第四届教育科研优秀成果评选荣获著作类一等奖第一名；2023年获广西十佳科普读物大赛三等奖；多个省市将丛书选入农家书屋和中小学馆配图书。

这套丛书能够顺利付梓，得到了很多领导、老师和学生的帮助。

我国著名教育家、中国教育学会名誉会长顾明远教授在百忙中为丛书作序让我们倍感荣幸、深受鼓舞。顾老先生为我们教育工作者做出了榜样，每次聆听顾老的教诲都是一次心灵的震撼和专业素养的提升。“活到老学到老”的终身教育理念在顾老身上体现得淋漓尽致。高龄的他仍能每天坚持锻炼身体、看报、写微博、使用 iPad 上网等，让我们敬佩不已。借此机会表达我们对顾老先生的敬意与感谢！

我们在心理学领域走过的每一段路都离不开各个阶段很多老师的精心栽培和悉心教导。广西师范大学心理学系的全体老师带领我们走进了心理学的殿堂。大学期间，与白先同、沈阳、文萍、李宏翰、陈振中、韦义平、苏思慧、余欣欣、廖昌荫、熊宜勤、高金岭、孙杰远、吴素梅、莫文、邓健、秦素琼、韩振华、庞彬和罗钢等老师和前辈的学习与交流，让我们掌握了扎实的心理学理论基础。高永金在北京师范大学攻读硕士学位期间，还得到了檀传宝教授和傅纳副教授两位导师的悉心栽培，以及授课老师顾明远、许燕、王定华、马建生、张春莉、苏君阳、朱志勇、余清臣、张立成、朱志敏、熊晓琳、裴纯礼、王工斌、苏立增、焦青、马利文、邓林园、郑葳、李亦菲、李蓓蕾、董敏等的帮助和指导。他们是我们走入心理学领域的引路人，没有他们悉心的教导，就没有我们的今天，也就不可能有这套书的问世。

最后，要特别感谢首都师范大学附属桂林实验中学为本书画漫画的学生们。他们绘制的一幅幅漫画插图增添了本书的趣味性和可读性。他们是唐映雪、李丝丝、李京蔓、严淑凡、王雪、刘浩宇、陶青、汤玉洁、胡又嘉、于蕾婷、林骏翔、王蔚、王思廷、伍刘牛、史格骏、王磊、邓秀美、银珂、孙鹂、杨娅婷、黎斯恩、肖扬、王丽洁、张淳彬、赖博文、黄婧欢、廖婷玉、彭钰、叶露、吴秋华、余柳燕、廖楼云、刘香妍、廖书海、何可欣、文叶飞、朱晓泉、赵锦龙、王君豪、陆徽、张伟垚、文岐睿、罗尹祉东等。在此，向他们表示由衷的谢意!

衷心感谢广大读者对本丛书的关注和支持，正是有了你们的分享与交流，才给了我们源源不断的信心和动力，祝愿大家身心健康、生活幸福!

高永金　张　瑜

2024 年 11 月